Quelques réflexions sur la philosophie de l'hitlérisme

히틀러주의 철학에 대한 몇 가지 반성

지은이 에마뉘엘 레비나스

1906년 지금은 리투아니아의 카우나스에 해당하는 러시아제국 코브노에서 태어났다. 1923년부터 프랑스 스트라스부르대학교에서 공부했고, 1928~1929년에는 독일 프라이부르크대학교에 유학하여 후설과 하이데거에게 현상학을 배웠다. 1930년 『후설 현상학에서의 직관 이론』이라는 논문을 써서 박사학위를 받았고, 이후 이스라엘 동방사범학교에서 일하며 여러 철학적 작업을 병행했다. 제2차 세계대전 시기 프랑스군 통역 부사관으로 전쟁에 참여했으며 독일군에게 포로로 수용되기도 했다. 전쟁 중에 레비나스는 가족을 모두 잃었으나, 본인은 프랑스군으로 분류되었기에 살아남았다. 전후 서양철학이 전체성과 전쟁에 암묵적으로 공모했다는 문제의식을 바탕으로 자신만의 독창적인 사유를 펼쳐 내기 시작했다. 주체성과 타자성을 전체성으로 환원해서 파악하는 전통 서양철학이 전쟁과 전체주의에 이론적 기저가 된 것은 아닌지 물은 것이다. 이에 레비나스는 『존재에서 존재자로』(1947), 『전체성과 무한』(1961), 『존재와 달리 존재성을 넘어』(1974) 등의 책에서 타자성의 윤리와 전체성 너머의 선의 성취, 새로운 주체성의 고안 등을 통해 서양철학의 한계를 극복하려고 부단하게 노력했다. 그 이외에도 수많은 저서와 논문을 남겼으며, 낭테르대학교를 거쳐 소르본대학교 철학과에서 학생들을 가르쳤다. 교수직을 은퇴한 후에도 활발하게 강연, 집필 활동을 하다가 1995년 12월 25일에 89세의 나이로 영면했다.

해설 미겔 아방수르

미겔 아방수르는 1939년 파리에서 태어난 정치철학자다. 1973년 질 들뢰즈의 지도를 받아 마르크스와 유토피아의 관계를 다루는 『사회주의-공산주의 유토피아의 형태들』이라는 논문으로 국가박사학위를 받았고, 랭스대학교를 거쳐 파리7 디드로대학교에서 정치철학을 가르쳤으며, 퇴임 후 같은 학교 명예교수로 추대되었다. 자크 데리다와 장-프랑수아 리오타르의 뒤를 이어 1985년부터 1987년까지 국제철학대학(Collège international de philosophie)의 회장을 역임하기도 한 아방수르는 진보적 자유주의와 급진 민주주의를 개진한 사상가로 알려져 있으며, 클로드 르포르, 마르셀 고셰와 같은 사상가들과 더불어 전후 프랑스 정치철학의 발전을 이끌었다는 평을 받고 있다. 그는 에티엔 드 라 보에시가 제기한 "왜 억압받는 다수는 반란을 일으키지 않는가?"라는 물음을 자신의 철학적 문제로 삼았으며, 이를 스피노자가 제시한 정식을 따라 "왜 인간은 자신의 구원을 위해 싸우는 것처럼 자신의 노예 상태를 위해 싸우는가?"라는 물음으로 전유함으로써 본인의 주제 의식을 한층 확장했다. 학자로서만이 아니라 저널리스트로, 잡지 편집자로서도 왕성하게 활동하다 2017년 작고했다. 지은 책으로 『유토피아: 토머스 모어부터 발터 벤야민까지』(2000), 『국가에 대항하는 민주주의: 마르크스와 마키아벨리적 순간』(2004), 『정치철학에 맞서는 한나 아렌트?』(2006), 『레비나스』(2021) 등이 있다.

옮김·해제 김동규

연세대학교 연합신학대학원 객원교수로 일하고 있다. 총신대학교 신학과에서 신학을, 서강대학교 대학원 철학과에서 철학을 공부했으며, 벨기에 루뱅대학교(KU Leuven [Louvain]) 신학&종교학과, 같은 학교 후설문서보관소, 네덜란드 암스테르담 자유대학교에서 종교철학, 종교학, 신학, 현상학을 연구했다. 주요 저작으로 『선물과 신비: 장-뤽 마리옹의 신-담론』, 『장-뤽 마리옹』, 『미술은 철학의 눈이다』(공저) 등이 있으며, 주요 논문으로 『전체성과 무한』에서 '나(들)'의 다원주의」, 「진리의 초과, 주어진 자기: 마리옹의 아우구스티누스 해석에 대한 비판적 고찰」, 「상호성을 넘어서: 폴 리쾨르에게서 주어짐과 선물」 등이 있다. 옮긴 책으로는 장-뤽 마리옹의 『과잉에 관하여』, 레비나스의 『후설 현상학에서의 직관 이론』, 『탈출에 관해서』, 『윤리와 무한: 필립 네모와의 대화』, 리처드 카니의 『재신론』, 메롤드 웨스트폴의 『초월과 자기 초월: 아우구스티누스부터 레비나스/키에르케고어까지』 등이 있다.

히틀러주의 철학에 대한
몇 가지 반성

에마뉘엘 레비나스 지음　미겔 아방수르 해설
김동규 옮김·해제

*Quelques Réflexions
sur la Philosophie de L'hitlérisme*

그린비

Quelques réflexions sur la philosophie de l'hitlérisme

Copyright ⓒ succession Emmanuel Levinas
All rights reserved.

Korean translation copyright ⓒ 2025 Greenbee Publishing Company
Korean edition is published by arrangement with Michaël Levinas through KOLEEN AGENCY.
All rights reserved.

히틀러주의 철학에 대한 몇 가지 반성

초판1쇄 펴냄 2025년 11월 11일

지은이 에마뉘엘 레비나스
해설 미겔 아방수르
옮긴이 김동규
펴낸이 유재건
펴낸곳 (주)그린비출판사
주소 서울시 서대문구 이화여대2길 10, 1층
대표전화 02-702-2717 | **팩스** 02-703-0272
홈페이지 www.greenbee.co.kr
원고투고 및 문의 editor@greenbee.co.kr

책임편집 이진희
편집 문혜림, 민승환, 전체빈, 남미은 | **디자인** 심미경, 조예빈
독자사업 류경희 | **경영관리** 장혜숙

이 책의 한국어판 저작권은 마이클 레비나스와의 협의를 통해 콜린 에이전시의 중개로 저작권을 독점 계약한 그린비출판사에 있습니다. 저작권법에 의해 한국 내에서 보호를 받는 저작물이므로 무단 전재와 무단 복제를 금합니다.

책값은 뒤표지에 있습니다. 잘못 만들어진 책은 구입처에서 바꿔 드립니다.
ISBN 979-11-94513-40-7 03160

독자의 학문사변행學問思辨行을 돕는 든든한 가이드 _(주)그린비출판사

차례

히틀러주의 철학에 대한 몇 가지 반성 7
에마뉘엘 레비나스

해설
원초적 악 27
미겔 아방수르

옮긴이 해제
**전체주의의 폭력을 끊임없이 경계한
철학자의 첫 번째 철학적 성찰** 119
김동규

일러두기

1. 이 책은 Emmanuel Levinas가 1934년 *Esprit*에 실었던 "Quelques réflexions sur la philosophie de l'hitlérisme"를 1990년 미국에서 영어 번역본으로 출간하면서 저자가 추가한 글과 Miguel Abensour의 해설을 포함해 간행한 프랑스어 판본을 완역한 것이다.

2. 본문에서 레비나스의 글을 다시 인용할 경우 이 번역서의 쪽수를 대괄호([ ]) 속에 밝혔다.

3. 본문의 각주는 원서에서 지은이들(레비나스, 아방수르)이 단 것이며, 옮긴이가 독자들의 이해를 돕고자 추가한 주에는 '―옮긴이'라고 표시했다. 단, '옮긴이 후기'의 주에는 그러한 표기를 별도로 달지 않았다. 또한 본문에서 옮긴이가 설명을 추가한 경우 대괄호로 부연했다.

4. 단행본이나 정기간행물 등은 겹낫표(『 』)로, 단편이나 논문, 프로그램명 등은 홑낫표(「 」)로 표기했다.

5. 외국어 인명, 지명 등 고유명사는 2002년 국립국어원에서 펴낸 외래어표기법에 따라 표기하되, 국내에서 통용되는 관례를 고려하여 예외를 두기도 했다.

히틀러주의 철학에 대한 몇 가지 반성

에마뉘엘 레비나스

히틀러의 철학은 원시적이다. 그런데 이 철학에서 타오르는 원초적 힘들은 지극히 요소적인(élémentaire) 힘의 압력 아래 비천한 미사여구를 터뜨린다. 이 힘은 독일 정신의 비밀스러운 향수를 일깨운다. 히틀러주의는 전염병이나 광기 이상의 것으로, 요소적 감정을 일깨우는 것이다.

그런데 바로 이 때문에 히틀러주의는 소름 끼칠 정도로 위험해지면서, 철학적으로도 흥미로운 것이 된다. 왜냐하면 그러한 원초적 감정에 철학이 내포되어 있기 때문이다. 이 원초적 감정이 현실 전체와 자신의 운명 앞에 선 정신의 최초 태도를 표현한다. 또한 이 감정은 영혼이 세계에서 겪게 될 모험의 의미를 미리 규정하거나 예시한다.

히틀러주의의 철학은 이렇게 히틀러주의자들의 철학을 넘어선다. 그것은 하나의 문명의 근본 원리들 자체를 문제시한다. 갈등은 자유주의와 히틀러주의 사이에서만 벌어지는 것이 아니다. 그리스도교 교회들이 체제 수립 시 누린 수혜나 정교협약(Concordats)[1]에도 불구하고 그리스도교마저 위협받

---

1 주로 가톨릭교회와 세속 국가 정부가 체결하는 공식적인 협약이나 조약을 의미한다. 역사적으로는 1933년 체결된 라이히스콩코르다트(Reichskonkordat), 곧 독일제국 정교협약이 대표적이다. 히틀러가 1933년 1월 독일제국 총리로 임명된 후 당시 교황 비오 11세와 후에 비오 12세로 교황직에 취임하는 바티칸 국무장관 에우제니오 파첼리는 그와 협약을 맺게 된다. 이는 가톨릭교회의 종교 활동과 종교 자유를 보장받기 위한 협약이었으나 히틀러에게 정치적 정당성을 부여했다는 비판적 시각도 존재한다. 이런 협약이 무색하게 나치 정권은 종교인들을 탄압했으며, 비

고 있다.

하지만 일부 언론인들이 하듯이 그리스도교의 보편주의와 인종주의적 특수주의를 구별하는 것만으로는 충분치 않다. 왜냐하면 논리적 모순을 들여다보는 것만으로는 구체적인 사건을 판단할 수 없기 때문이다. 두 이념의 흐름을 대립시키는 논리적 모순의 의미는 그 이념들의 원천, 직관, 그리고 그 이념들을 가능하게 한 최초의 결단으로 거슬러 올라갈 때만 완연하게 드러날 수 있다. 우리는 이러한 정신을 따라 몇 가지 반성을 제시하고자 한다.

I

정치적 자유는 유럽 문명에서 인간 운명에 대한 하나의 개념이 되는 자유정신의 내용을 다 담아내지 못한다. 자유정신은 인간이 인간의 행동을 촉구하는 세계와 가능성들에 대한 인간의 절대적 자유의 감정이다. 인간은 우주 앞에서 영원히 자신을 새롭게 한다. 절대적으로 말하자면, 인간에게는 역사가 없다.

왜냐하면 역사는 가장 심원한 제한, 곧 근본적인 제한이

오 11세는 『극도의 슬픔으로』라는 회칙을 통해 독일제국의 협약 위반과 인종 차별주의, 나치 제국주의를 비판하기도 했다. 이 협약 이외에도 1801년 7월 15일 나폴레옹 보나파르트가 바티칸과 맺은 정교협약 등 여러 정교협약이 있었다.

기 때문이다. 인간 존재의 조건인 시간은 무엇보다도 돌이킬 수 없음의 조건이다. 달아나는 현재에 휩쓸린 이미 성취된 사실(fait accompli)[기정사실]은 인간의 지배력에서 영원히 벗어나 있지만, 인간의 운명을 또한 짓누른다. 헤라클레이토스의 가상적 현재인 사물들의 영원한 흐름의 우울 뒤에는 과거의 부동성(inamovibilité)이라는 지울 수 없는 비극이 있다. 진정한 자유, 진정한 시작은 운명의 정점에서 그것을 영원히 다시 시작하는 진정한 현재를 요구할 것이다.

유대교가 이 장엄한 메시지를 전한다. 후회―돌이킬 수 없는 것은 바로잡을 수 없다는 근원적 무력함의 고통스러운 표현―는 회복을 가져오는 용서를 낳는 회개를 예고한다. 인간은 현재 안에서 과거를 변형하고 과거를 지워 낼 실마리를 찾는다. 시간은 그 비가역성 자체를 잃어버린다. 시간은 상처 입은 짐승처럼 헐떡이며 인간의 발치에 쓰러진다. 그리고 시간은 인간을 해방시킨다.

시간 앞에서 인간의 자연적 무력함에 대한 통렬한 감정이 그리스 모이라(Moira)[2]의 모든 비극과 원죄 관념의 모든 예리함, 그리고 그리스도교의 반항의 모든 장대함을 형성해 낸다. 저주처럼 낯설고 잔혹한 과거의 포박 속에서 몸부림치는 아트레우스 가문의 사람들에게,[3] 그리스도교는 신비의 드라

---

2 그리스 신화에서 운명을 관장하는 세 여신을 뜻한다.―옮긴이
3 아트레우스 가문은 고대 그리스 신화에 나오는 저주받은 왕족 가문이

마로 맞선다. 십자가는 우리를 해방하며, 시간을 극복하는 성찬례[4]를 통해 이 해방은 날마다 이루어진다. 그리스도교가 가져오고자 하는 구원은 순간들의 흐름이 성취하는 결정적인 것을 다시 시작하겠다는 약속, 현재에 종속된 과거라는 절대적 모순을, 늘 문제가 되고 늘 의문시되는 이 모순을 초월하겠다는 약속으로 인해 그 유효한 가치를 발한다.

이로써 그리스도교는 자유를 선포하고, 또 자유를 모든 충만함 속에서 가능하게 만든다. 운명의 선택이 자유로울 뿐 아니라, 이루어진 선택조차 속박(enchaînement)이 되지 않는다. 인간은 자신이 자유롭게 맺은 계약을 파기할—확실히 초자연적이지만 파악 가능하고 구체적인—가능성을 보유한다. 인간은 매 순간 창조의 첫째 날의 벌거벗음을 되찾을 수 있다. 이 재탈환은 쉬운 일이 아니다. 그것은 실패할 수도 있다. 그것은 임의적 세계에 놓인 의지의 변덕스러운 명령의 결과가 아니다. 하지만 요구되는 노력의 깊이는 단지 장애물의 무게를 가늠하게 할 뿐이며, 자연적 존재의 깊은 층들을 찢어발기며 승리하는, 약속되고 성취된 새로운 질서의 근원성을 강

    다. 아트레우스의 아버지 펠롭스로부터 시작하여 아트레우스와 아트레우스의 아들 아가멤논에 이르는 비극의 연쇄는 그리스인들, 조금 더 확장하면 고대 서구의 운명론적 사고를 잘 보여 준다.—옮긴이

4   최후 만찬에서의 그리스도를, 조금 더 확장하면 그리스도의 삶과 죽음, 그의 인격과 사역 전반을 기념하는 그리스도교의 가장 중요한 예식 중 하나로 이 예식에서 신자들은 빵을 그리스도의 살로, 포도주를 그리스도의 피로 여기고 이를 집전자의 주도 아래 나눠 먹는다.—옮긴이

조할 뿐이다.

모든 속박에 관한 이 무한한 자유, 즉 어떠한 속박도 결정적이지 않다는 이 자유가 그리스도교의 영혼 관념의 기반을 이룬다. 개인의 궁극적 본질을 표현하는 지극히 구체적인 실재로 남아 있으면서도, 영혼은 초월적 숨결의 엄격한 순수성을 지닌다. 세계의 현실 역사의 변이를 거치는 갱신의 힘은 영혼에 마치 예지계적(nouménale) 본성과도 같은 것을 부여하는데, 이는 구체적 인간이 자리하고 있는 세계의 침해로부터 영혼을 보호한다. 이 역설은 단지 외견상으로만 역설일 뿐이다. 영혼의 초연함은 그저 추상이 아니라 자신을 분리하고 추상화할 수 있는 구체적이고 적극적인 힘이다. 개인들의 물질적 혹은 사회적 조건과 무관한 모든 영혼의 동등한 존엄성은 개별적 차이들 아래의 '심리적 구성'의 유사성을 주장하는 어떤 이론으로부터 나오는 것이 아니다. 영혼의 동등한 존엄성은 영혼에게 주어진, **존재해 온** 모든 것으로부터, 영혼을 묶어 두었던 모든 것으로부터, 연루되었던 모든 것으로부터 자신을 자유케 하여 최초의 무구함을 되찾을 수 있게 하는 힘에 기인한다.

지난 몇 세기 동안 자유주의가 이 해방의 극적 측면을 간과하기는 했지만, 자유주의의 본질적 요소 가운데 하나인 이성의 주권적 자유라는 형태는 여전히 보존하고 있다. 근대의 모든 철학적·정치적 사유는 인간 정신을 실재보다 상위의 차원에 위치시키려 하며, 인간과 세계 사이에 심연(abime)을 파고 있다. 물리적 세계의 범주들을 이성의 정신성에 적용하는 것을 불가능하게 만들면서, 근대의 모든 철학적·정치적 사유는 정신의 궁극적 토대를 잔혹한 세계와 구체적 실존의 무자비한 역사 바깥에 위치시킨다. 이 사유는 맹목적인 공통감각의 세계를, 이성에 잠기고 이성에 종속된 세계, 관념론적 철학을 따라 재구성된 세계로 대체한다. 은총에 의한 해방 대신 자율성이 있지만, 이 안에는 자유에 대한 유대—그리스도교적 **중심동기**(leitmotiv)[5]가 관통하고 있다.

18세기 프랑스 작가들, 곧 민주주의 이데올로기와 인권 선언의 선구자들은 자신들의 유물론에도 불구하고 물리적·심리적·사회적 물질을 퇴치하는(exorcisant) 이성에 대한 감정을 고백했다. 이성의 빛은 비이성적인 것의 그림자들을 쫓아내기에 충분하다. 이성이 물질을 전적으로 관통할 때 유물론에는 무엇이 남겠는가?

자유주의 세계의 인간은 역사의 무게 아래에서 자신의 운명을 선택하지 않는다. 이 인간은 자신의 가능성을 자기 안에서 들끓으며 이미 자신을 특정한 방향으로 이끄는 불안한 힘으로 인식하지 않는다. 이 인간에게 그러한 가능성은 그저 영원히 거리를 유지하며 이런저런 선택을 하는 안온한 이성

---

5 leitmotiv는 독일어 leit(인도하는)와 Motiv(모티프)의 합성어이다. 이 말은 본디 오페라나 교향곡에서 주로 사용되었으며, 문학이나 음악에서 반복되는 구절이나 주제를 뜻하기도 한다.—옮긴이

에게 제공된 논리적 가능성일 뿐이다.

II

마르크스주의는 서구 역사에서 처음으로 이러한 인간 개념에 이의를 제기했다.

마르크스주의에서 인간 정신은 인간에게 더 이상 순수한 자유로, 모든 속박 너머에서 떠도는 영혼으로 나타나지 않는다. 그것은 이제 더 이상 목적의 왕국의 일부를 이루는 순수이성이 아니다. 인간 정신은 물질적 욕구의 먹잇감이다. 하지만 이성의 마법 지팡이에 더 이상 복종하지 않는 물질과 사회의 지배 아래에서, 인간 정신의 구체적이고 예속적인 실존은 무능한 이성보다 더 큰 중요성과 무게를 지닌다. 지성보다 앞서 존재하는 투쟁은 이 존재에게 그 스스로 내리지 않았던 결정을 내리도록 강제한다. "존재가 의식을 규정한다." 과학, 도덕, 미학은 그 자체로 도덕, 과학, 미학인 것이 아니라 매 순간 부르주아 문명과 프롤레타리아 문명의 근본 대립을 번역하고 있다.

전통적 개념의 정신은 그것이 항상 그토록 자랑스러워했던 모든 속박을 풀어내는 그 힘을 상실한다. 그것은 어떤 신념만으로는 흔들 수 없는 태산(太山)과 부딪친다. 절대적 자유, 기적을 성취하는 자유는 처음으로 정신의 구성으로부터 추방당하고 만다. 이를 통해 마르크스주의는 그리스도교에 대해서만이 아니라, "존재가 의식을 규정하지 않고" 의식 또는 이성이 존재를 규정한다고 보는 모든 관념론적 자유주의에 대립한다.

이를 통해 마르크스주의는 유럽 문화에 정면으로 맞서거나, 적어도 그 발전의 조화로운 곡선을 깨트린다.

III

그런데 이러한 자유주의와의 단절은 결정적이지 않다. 마르크스주의는 어떤 의미에서 1789년의 전통을 계승한다는 의식을 가지고 있으며, 자코뱅주의는 마르크스주의 혁명가들에게 상당한 영감을 준 것으로 보인다. 그러나 무엇보다도, 마르크스주의의 근본 직관이 특정한 상황과의 불가피한 관계 속에서 정신을 파악하는 것이라 해도, 이러한 연관은 근본적인 것이 아니다. 존재에 의해 결정되는 개인의 의식은 이제 그 본질과는 이질적인 것으로 나타나는 사회적 구속력을—적어도 원리상—떨쳐 버릴 힘을 보존할 수 없을 만큼 완전히 무력하지는 않다. 마르크스 그 자신에게도 사회적 상황을 의식한다는 것은 그러한 상황이 내포하는 숙명론으로부터 벗어나는 일인 것이다.

유럽의 인간 개념과 진정으로 대립하는 개념은 인간이

못 박혀 있는(rivé) 상황이 단순히 인간에게 더해지는 것이 아니라, 그것이 그 존재의 근본 자체를 이룰 때 가능해질 것이다. 이는 역설적 요구인데, 우리의 신체 경험이 이를 현실화하는 것처럼 보인다.

전통적 해석을 따르자면, 신체를 가진다는 것은 무엇을 뜻할까? 그것은 신체를 외부 세계의 대상처럼 감당하는 것이다. 신체는 아테네 감옥 속 소크라테스에게 채워진 사슬처럼 이 철학자를 무겁게 짓누른다. 신체는 소크라테스를 기다리는 무덤처럼 그를 유폐하고 있다. 신체는 장애물이다. 그것은 정신의 자유로운 약동을 깨트리고 정신을 지상의 조건으로 되돌려 놓는데, 이에 장애물로서의 신체는 그저 극복되어야 할 것이 된다.

우리들 자신에 대하여 신체가 가지는 이 영원한 소외감은 그리스도교는 물론이고 근대 자유주의에도 자양분이 되어 왔다. 이 감정은 윤리의 모든 변화를 거치면서도, 그리고 르네상스 이후 금욕적 이상이 쇠퇴했음에도 불구하고 지속되어 왔다. 만일 유물론자들이 자아를 신체와 혼동했다면 그것은 정신에 대한 순전한 부정이라는 대가를 치르면서 그렇게 한 것이었다. 그들은 신체를 자연 속에 위치시켰고, 우주 안에서 신체에게 예외적 지위를 부여하지 않았다.

그러나 신체가 단지 영원한 이방인인 것은 아니다. 고전적 해석은 우리의 신체와 우리 자신 사이의 동일성이라는 감정을, 어떤 상황들에서 특히 첨예화되는 그러한 감정을, 더

낮은 수준으로 격하하고 극복해야 할 단계로 간주한다. 신체는 세계의 나머지 부분보다 우리에게 더 가깝고 더 친숙한 것일 뿐만 아니라 우리의 심리적 삶, 우리의 기분과 활동을 그저 지배하는 데 그치지 않는다. 이러한 평범한 관찰 너머에 동일성의 감정 또한 있다. 우리는 신체와 자신을 구별하려 할 자아(moi)의 열림이 있기 훨씬 전에, 우리 신체의 이 독특한 온기 속에서 우리 자신을 확인하지 않는가? 지성의 출현 훨씬 이전에 피가 확립한 이러한 유대들이 모든 시련에 저항하지 않는가? 위험한 스포츠적 도전, 곧 죽음의 숨결 아래에서 몸짓들이 거의 완벽에 가까운 추상에 이르는 위험한 훈련 속에서, 자아와 신체를 이분화하는 이원론은 사라져야만 한다. 그리고 신체적 고통(douleur physique)의 막다른 골목에서, 환자가 그나마 평온한 자세를 잡기 위해 그 고통의 침대에서 몸을 뒤척일 때 그는 자신의 존재로부터 분할할 수 없는 단순성을 느끼지 않는가?

고통을 분석해 보면 거기서 정신이 고통에 맞서 저항하고 거부하며, 그것을 초월하려 시도한다는 것을 발견할 수 있다고 말할 수도 있겠지만, 이러한 시도는 이미 절망적인 것으로 특징지어지지 않는가? 반항하는 정신이 고통 속에 갇혀 있는 것은 불가피한 일이 아닌가? 또한 이 절망이 바로 고통의 토대 자체를 이루고 있는 것이 아닌가?

서구의 전통적 사고는 이러한 사실들을 거칠고 조악한 것으로 치부하며 이를 축소하는 식으로 해석하는데, 이러한 해석과 더불어 이 사실의 환원 불가능한 근원성에 관한 감각과 그 순수성을 유지하고자 하는 욕망이 여전히 있을 수 있다. 신체적 고통 속에는 어떤 절대적 지점이 있을 것이다.

신체는 단순히 우리를 무정한 물질의 세계와 관계 맺게 하는 불운이나 행운에 불과한 것이 아니다. **신체가 자아에 밀착되어 있다는 것은 그 자체로 가치를 지닌다**. 그것은 그 누구도 피할 수 없는 밀착이며, 어떠한 은유도 이를 외부 대상의 현존과 혼동하게 할 수 없다. 그것은 하나의 결합이며, 그 어떤 것도 이 결정적인 것의 비극적 양식을 변질시킬 수 없다.

자아와 신체 사이의 이 동일성 감정은—물론 이는 통속적 유물론과는 아무런 공통점이 없는데—이를 출발점으로 삼고자 하는 이들이 이 통일성의 바탕에서, 자신을 속박해 온 신체 및 이에 대항하여 투쟁하는 자유로운 정신의 이원성을 발견하게 놔두지 않을 것이다. 오히려 그들에게는, 정신의 모든 본질이 바로 이 신체에 대한 속박 속에 존재한다. 정신을 그것이 이미 관여하고 있는 구체적 형태들로부터 분리하는 것은 그들이 시발점으로 삼아야 할 바로 그 감정 자체의 근원성을 배반하는 것이 된다.

서구 정신이 결코 스스로 만족하려 하지 않았던 이 신체 감정에 부여된 중요성은 인간에 대한 새로운 개념의 기초가 된다. 모든 숙명적인 것을 포함하는 생물학적인 것은 정신적 삶의 단순한 **대상** 그 이상이 되어, 그 삶의 핵심이 된다. 피의 신비로운 목소리, 신체가 수수께끼 같은 매개체가 되는 유전

(遺傳) 및 과거의 부름은 주권적으로 자유로운 자아의 해결에 맡겨진 문제들이라는 본성을 잃는다. 자아는 이러한 것들을 해결하기 위해 이 문제들의 미지수들만을 가져올 뿐이다. 자아는 이 미지수로 구성되어 있다. 인간의 본질은 더 이상 자유가 아니라 일종의 속박 속에 있다. 참된 자기 자신이 된다는 것은 자아의 자유에 항상 이질적인 우연성들을 초월하여 비상하는 것이 아니다. 그것은 반대로 우리의 신체에 고유한, 근원적으로 회피할 수 없는 속박을 의식하는 것이며, 무엇보다도 이 속박을 받아들이는 것이다.

이에 신체로부터의 해방을 선언하고 신체를 관여시키지 않는 모든 사회구조는 배반이나 변절과 같은 의심을 사게 된다. 자유의지들의 합의에 기초한 근대사회의 형태들은 단지 취약하고 비일관적일 뿐 아니라 거짓되고 기만적인 것으로 보일 것이다. 정신들의 동화(assimilation)는 정신이 신체에 대해 거둔 승리의 위대함을 소거해 버린다. 그것은 날조자들의 소행이 된다. 혈연에 기초한 사회는 이러한 정신의 구체화로부터 직접적으로 도출되는 것이다. 그리고 이때, 만약 인종이 존재하지 않는다면, 그것을 발명해 내기라도 해야 한다!

인간과 사회에 대한 이러한 이상은 사유와 진리에 대한 새로운 이상을 동반한다.

우리가 강조했듯이, 서구 세계에서 사유와 진리의 구조를 특징짓는 것은 인간과 인간이 자신의 진리를 선택하게 될 관념의 세계 사이를 처음부터 분리하는 간극(distance)이다.

인간은 이 세계 앞에서 자유롭고 저 홀로 존재한다. 인간은 이 간극을 건너지 않을 수도 있고, 그런 선택을 하지 않을 수도 있을 만큼 자유롭다. 회의론은 서구 정신의 근본적 가능성이다. 하지만 일단 그 간극을 건너고 진리를 파악한 후에도 인간은 여전히 자신의 자유를 보존한다. 인간은 자신을 다시 추스르고 자신의 선택을 되돌아볼 수 있다. 긍정 속에는 이미 미래의 부정이 잠재해 있다. 이런 자유가 사유의 모든 존엄을 구성하지만, 동시에 그 안에는 위험도 내포되어 있다. 인간과 관념을 분리하는 그 간극 속으로 거짓이 교묘히 스며든다.

사유는 놀이가 된다. 인간은 자신의 자유 속에서 만족하며 어떤 진리와도 결정적으로 타협하지 않는다. 그는 의심할 수 있는 자신의 능력을 확신의 결여로 변형시킨다. 어떤 진리에도 속박되지 않는다는 것이 인간에게는 정신적 가치의 창조에 자기 인격을 투입하지 않는 것이 된다. 불가능해진 진솔성(sincérité)은 모든 영웅주의를 종식시킨다. 문명은 본래적이지 않은 모든 것, 이해관계와 유행에 영합하는 대체물에 의해 잠식된다.

자신의 자유의 참된 이상과의 생생한 접촉을 상실하고 퇴행한 형태의 자유에 대한 이상을 받아들인 사회, 이러한 이상이 요구한 노력은 간과한 채 그것이 가져다주는 편의만을 즐기는 사회, 바로 그런 상태에 있는 사회에, 인간에 대한 게르만적 이상이 진실성과 진정성의 약속과 더불어 나타나는 것이다. 인간은 더 이상 자신의 자유로운 이성의 주권적 결정을 따라 자신의 진리를 선택할 수 있는 관념의 세계 앞에 서 있는 것이 아니다. 인간은 이미 특정한 관념들에 매여 있다. 마치 태어나면서부터 자신과 같은 피를 가진 이들과 연결된 것처럼 말이다. 인간은 더 이상 관념을 향유할 수 없다. 왜냐하면 그 관념이 구체적인 존재로부터 분리되어 인간의 살과 피에 뿌리내린 이상, 관념은 그 진중함을 간직하고 있기 때문이다.

 자신의 신체에 속박된 인간은 자기 자신으로부터 도피할 수 있는 힘을 박탈당하는 데 이른다. 인간에게 진리는 더 이상 낯선 광경을 관조하는 것이 아니다. 진리는 인간 자신이 행위자인 드라마 속에 있다. 인간은 자신의 전체 존재의 무게—이는 더는 되돌릴 수 없는 주어진 사실들을 포함한다— 아래에서 '예' 또는 '아니요'라고 말할 것이다.

 그런데 이 진솔성은 무엇을 요구하는가? 혈연 공동체를 기반으로 삼지 않는 모든 이성적 동화나 정신들 간의 신비적 연합은 미심쩍은 것이 된다. 그럼에도 불구하고 새로운 유형의 진리는 진리의 그 형식적 본질을 포기하지 않을 것이며 보편적 존재이기를 그치지 않을 것이다. 진리가 제아무리 이 소유격의 가장 강한 의미에서 나의 진리일 수밖에 없다 할지라도 그것은 새로운 세계의 창조를 목표로 삼아야 한다. 차라투스트라는 자신의 변신에 만족하지 않고, 복음을 들고 하산한다. 어떻게 보편성이 인종주의와 양립하게 되는가? 여기에서—이것이 인종주의의 최초 영감의 논리에 있는 것인데—

보편성의 이념 자체에 근본적 수정이 있을 것이다. **보편성은 팽창이라는 이념에 자리를 내주어야 하는데**, 이는 힘의 팽창이 이념의 전파와는 전적으로 다른 구조를 지니기 때문이다.

전파되는 이념은 본질적으로 그 출발점으로부터 분리되어 떨어져 나간다. 그 이념은, 그것의 창조자가 부여하는 고유한 강조점에도 불구하고 공동 유산의 일부가 된다. 그 이념은 근본적으로 익명적이다. 그것을 받아들이는 사람은 그것을 제안하는 사람과 마찬가지로 그것의 주인이 된다. 이렇게 이념의 전파는 '주인들'의 공동체를 만든다. 이는 평등화의 과정이다. 개종시키거나 설득한다는 것은 동료를 만드는 것이다. 서구 사회에서 질서의 보편성은 항상 이러한 진리의 보편성을 반영한다.

하지만 힘은 다른 유형의 전파 방식으로 특징지어진다. 힘을 행사하는 자는 그 힘과 분리되지 않는다. 힘은 그것을 겪는 자들 사이에서 소멸되지 않는다. 힘은 힘을 행사하는 개인이나 사회에 결부되어 있으며, 나머지를 이 힘을 행사하는 것에 종속시킴으로써 그 힘들을 확장한다. 여기서 보편적 질서는 이데올로기 팽창의 따름정리로서 확립되지 않는다. 바로 그 팽창 자체가 주인과 노예로 이루어진 세계의 통일성을 구성한다. 현대 독일이 재발견하고 찬양하는 니체의 힘에의 의지는 단순히 새로운 이상이 아니라, 동시에 자신만의 고유한 보편화 형식을 제시하는 이상이다. 그 보편화 형식이 바로 전쟁, 정복이다.

그런데 우리는 여기서 잘 알려진 몇 가지 진실과 마주한다. 우리는 이 진리들을 근본 원리에 연결하고자 시도했다. 아마도 우리는 인종주의가 단순히 그리스도교적이고 자유주의적인 문화의 이런저런 특정 요점에 반대하는 것이 아님을 보여 주는 데 성공했을 것이다. 문제가 되는 것은 민주주의, 의회주의, 독재 체제 또는 종교 정책의 이런저런 도그마가 아니라 인간의 인간성 그 자체이다.

에마뉘엘 레비나스

후기[6]

이 글은 히틀러가 권력을 거의 잡은 직후인 1934년, 진보적이고 전위적인 가톨릭 잡지 『에스프리』(*Esprit*)에 실린 것이다.

이것은 국가사회주의의 피비린내 나는 야만성의 근원이 인간적 추론의 우연한 이상 증세나 우발적인 이데올로기적 오해에서 유래한 것이 아니라는 확신에서 나왔다. 이 글에는 국가사회주의의 근원이 **원초적 악**의 본질적 가능성에 있다고 보는 확신이 담겨 있다. 건전한 논리도 그 가능성에 도달할 수 있으며, 서양철학은 그것에 대해 충분히 방비하지도 못했다. 이는 존재의 존재론, 존재에의 염려 속에 기입되어 있는 가능성— 하이데거의 표현을 따르자면 "그 존재에서 이 존재 자체가 걸려 있는 존재자"(*dem es in seinem Sein um dieses Sein selbst geht*)—이다. 이 가능성은 '모아 내야 할 존재'와 '지배해야 할 존재'에 상관적인 주체, 무엇보다도 자유로워지고자 하고 스스로 자유롭게 만들고자 하는 그 유명한 초월적 관념론의 주체를 여전히 위협한다. 우리는 자유주의가 인간 주체의 진정한 존엄성에 충분한 것인지 물어야 한다. 주체는 자신을 이러한 수준으로 끌어올리는 선택 속에서 다른 인간에

---

6 이것은 『히틀러주의 철학에 대한 몇 가지 반성』의 영어 번역본이 미국에서 출간될 때 '서문'으로 추가된 텍스트이다. 번역본의 서지 사항은 다음과 같다. Seán Hand(trans.), "Reflections on the Philosophy of Hitlerism", *Critical Inquiry* 17:1, Autumn 1990, pp. 63~71.

대한 책임을 떠맡기 전에도 이런 인간의 조건에 이르게 되는가? 이는 타인의 얼굴, 이웃의 얼굴 안에서 주체를 바라보는 신(dieu)—또는 하느님(Dieu)—에게서 오는 선택이며, 그 얼굴은 곧 계시의 근원적 장소이다.

해설

원초적 악

미겔 아방수르

두 편의 텍스트, 두 개의 날짜―1934~1990―가 어떤 면에서 에마뉘엘 레비나스의 철학적 여정을 일종의 틀로 감싸고 있다. 이는 마치 1987년에 공식화된 '무(無)의 표식'(la marque du néant)을 담은 다음과 같은 고뇌 어린 물음에 대한 답을 제공하는 것처럼 보인다. "내 삶은 끊임없이 예감된 히틀러주의와 어떠한 망각도 거부하는 히틀러주의 사이로 흘러갔던 게 아닐까?"[1]

이에 대한 하나의 대위법으로 1978년, 『존재와 달리 또는 존재성을 넘어』의 헌사는 다음과 같다. "국가사회주의에 의해 학살된 600만 명 중 가장 가까웠던 이들을 기억하며, 그리고 다른 인간들에 대한 동일한 증오로, 동일한 반유대주의로 희생된 수없이 많은 모든 종파와 모든 열방의 사람들을 기억하며."[2]

이는 1934년 텍스트의 예외적 위상을 인정하는 것으로, 히틀러주의를 단순히 규탄하는 것을 넘어 그것에 대한 해석을 제공하며, 오히려 더 높은 차원의 규탄에는 해석 작업이 필요하다는 것을 **실제적으로** 보여 주고 있다. 우선, 에마뉘엘

---

[1] "Entretiens Emmanuel Levinas-François Poirié", in François Poirié, *Emmanuel Levinas*, Besançon: La Manufacture, 1987, p. 83〔에마뉘엘 레비나스·프랑수아 푸아리에, 『레비나스와의 대화: 에세이와 대담』, 김영걸 옮김(성남: 두번째테제, 2022)—옮긴이〕.

[2] E. Levinas, *Autrement qu'être ou au-delà de l'essence*, La Haye: M. Nijhoff, 1978〔에마뉘엘 레비나스, 『존재와 달리 또는 존재성을 넘어』, 문성원 옮김(서울: 그린비, 2021)—옮긴이〕.

레비나스에게 이 글은—철학과 히틀러주의가 너무나도 기이하게 공존하는 듯한 제목에 대해 레비나스 자신이 느낀 불편함에도 불구하고—미국에서 출간된 영어판에 한 페이지의 회고를 추가할 정도로 충분히 중요한 것으로 여겨졌다. 따라서 독자는 이 글을 저자가 걸어온—자유보다 사랑이 우선인—길의 빛 아래에서 읽을 수 있으며, 이는 1990년의 후기에서 제기된 다음의 물음과도 맥락을 같이한다. "우리는 자유주의가 인간 주체의 진정한 존엄성에 충분한 것인지 물어야 한다."

에마뉘엘 레비나스의 방대한 저작에서 특히 강조되어야 할 점은 『히틀러주의 철학에 대한 몇 가지 반성』이 현상학적 기예와 그 비판적 잠재력을 활용하여 사회-역사적 현상을 해석하려고 시도한 유일한 텍스트라는 것이다. 이러한 해석의 시도는 당시 널리 퍼져 있던 사고방식과 동떨어진 채로, '즉각적으로' 제시되었다는 점에서 더욱 큰 위험을 감수한 것이었다. 게다가 당시 사건의 전례 없는 특성을 드러내기 위해 그 사건과 정면으로 맞선 철학적 텍스트는 드물다. 프랑스에 이러한 기준을 적용할 경우, 레비나스의 글 외에는 조르주 바타유의 「파시즘의 심리 구조」("La Structure psychologique du fascisme", *Critique sociale* 10~11, novembre 1933/mars 1934)만이 그에 해당한다.[3]

---

3 국역본은 조르주 바타유, 『파시즘의 심리 구조』, 김우리 옮김(성남: 두번째테제, 2022).—옮긴이

레비나스의 이러한 개입은 결코 우연이 아니었다. 어떤 우회도 없이 떠맡게 된 유대인 정체성, 국가사회주의의 끔찍한 위협에 관해 깨어 있는 의식, 그리고 다가오는 단절의 시기에 대한 더욱 큰 불안감이 이러한 이해에의 의지를 자극했다. 여기서 예비되고 있던 것에 대한 예리한 감수성이 드러나는데, 이는 에마뉘엘 레비나스가 1928~1929년 학기에 후설과 하이데거 곁에 머물며 독일을 잘 알게 되었기 때문이다. 프랑스에 현상학이 소개된 것도 대체로 레비나스 덕분이다. 1930년에 그는 『후설 현상학에서의 직관 이론』(*Théorie de l'intuition dans la phénoménologie de Husserl*)을 냈고,[4] 1932년에는 『철학』(*Revue philosophique*)에 선구적 연구인 「마르틴 하이데거와 존재론」(Martin Heidegger et l'ontologie)을 발표했으며 이 글은 『후설과 하이데거와 더불어 존재를 발견하며』(*En découvrant l'existence avec Husserl et Heidegger*, Vrin 1967, pp. 53~89)에 재수록되었다. 이 독일 철학을 향한 여정의 중심에 프라이부르크에서 이루어진 스승 하이데거와의 만남이 있었다. 1987년 인터뷰에서 레비나스는 이렇게 말한다. "제가 발견한 위대한 것은 후설의 길이 하이데거에 의해 연장되고 변형되는 방식이었습니다. 여행자의 언어로 말하자면, 나는 후설에게로 갔다가 하이데거를 발견했다는 인상을 갖게 되었습

---

[4] 국역본은 에마뉘엘 레비나스, 『후설 현상학에서의 직관 이론』, 김동규 옮김(서울: 그린비, 2014). ―옮긴이

니다. […] 나는 즉각 그가 역사상 가장 위대한 철학자 가운데 한 사람이라는 것을 알아차렸습니다. 그는 플라톤, 칸트, 헤겔, 베르그손과 같은 철학자와 비견될 만합니다."[5]

진정한 철학적 혁명으로, 일종의 '르네상스'로 제시되고 실천되던 것에 관한 이 눈부신 경이를 인식하기 위해, 우리는 청년기 열정이 느껴지는 레비나스의 텍스트를 살펴보고자 한다. 프라이부르크는 무엇보다도 현상학의 도시다. 구성과 추상화, 심리학주의에 맞서 현상학은 "의식의 삶 속에, 우리의 구체적 경험의 개별적이고 불가분한 것 속에" 현상을 침잠시킴으로써 이를 재발견하고 구제하는 일과 관련한다. "의식적인 모든 것은 사물처럼 자기 자신 속에 접혀 있지 않고, 세계를 향해 나아간다. 인간 안에서 최고의 구체적인 것은 자기 자신에 대한 초월이다. 또는, 현상학자들이 말하듯이, 그것이 지향성이다."[6] 이러한 사태들 자체로 돌아감(retour aux choses mêmes)은 세계에 대한 특정한 접근 방식, 곧 감정의 재활성화로 배가된다. 후설의 몇몇 강연을 언급하면서 레비나스는 그의 후계자에 대해 이야기할 때 거의 서정적인 방식으로 말한다. "후설의 강좌는 마르틴 하이데거에게 넘어갔다. 하이데거는 그의 가장 독창적인 제자이며, 그의 이름은 이제

---

5 "Entretiens", *op. cit.*, p. 74.
6 E. Levinas, "Fribourg, Husserl et la phénoménologie", *Revue d'Allemagne et des pays de langue allemande*, no. 43, mai 1931, p. 407.

독일의 영광이다. 자신의 탁월한 지적 능력에서 비롯하는 그의 가르침과 저작들은 현상학적 방법의 풍부함을 가장 잘 입증한다. 이미 얻은 상당한 성공이 그의 비범한 명성을 보여 준다. […] 특권을 얻은 이들에게만 허용된 세미나에서는, 모든 나라가 대표되었다. […] 이 찬란한 모임을 주목하면서, 나는 프라이부르크로 가는 베를린-바젤행 급행열차에서 만났던 한 독일 학생을 이해하게 되었다. 그 학생에게 목적지가 어디인지 물으니, 그는 눈 하나 깜빡이지 않고 이렇게 대답했다. 저는 세계에서 가장 위대한 철학자에게 가고 있습니다."[7] 1931년의 이 텍스트는 한나 아렌트가 1969년에 쓴 「80세의 마르틴 하이데거」라는 글을 떠올리게 한다. 우리는 이 글에서도 레비나스의 텍스트에서 나타나는 것과 동일한 경탄과 더불어 심원한 정서적 울림을 감지할 수 있다. "그 소식은 아주 간단한 것이었다. 사유가 다시 살아났다. 하이데거는 죽었다고 여겨졌던 과거의 문화적 보물들을 말하게 해 주었다. […] 한 스승이 있다. 아마도 우리는 그(하이데거)로부터 사유한다는 것을 배울 수 있을 것이다."[8] 이는 분명 스승에 관한 말이었다. 스승과의 만남, 그리고 이러한 종류의 만남이 수반하는 폭력이나 유혹으로부터 떨어지지 못하는 충격에 관한 것이었다. 레비나스는 "그는 자신의 위대함 속에 숨어 내 귀에 대고

---

7 *Ibid.*, p. 414.
8 H. Arendt, *Vies politiques*, Paris: Gallimard, 1974, p. 310.

말했습니다!"라고 고백한다. 그것은 교조적이지는 않지만 권위적인 말, 소크라테스식 산파술과 윤리적 관계 모두로부터 거리를 두는 말, 지배 질서로부터 동떨어지지 않은 스승의 말이었다.

레비나스는 1929년 다보스에서 있었던 대담[9]과 하이데거와 카시러 사이의 철학적 논쟁에 대해 이렇게 기억한다. "하이데거는 곧 전복되어야 할 세계를 예고하고 있었습니다. 당신은 그로부터 3년 후 그가 누구와 함께하게 될지 알고 있습니다. 이를 이미 다보스에서 예감하려 했다면 제게는 예언의 은사가 있었어야 할 겁니다. 저는 오랫동안―그 끔찍한 세월 동안―가졌던 열의에도 불구하고 당시 제가 그런 예감을 느꼈다고 생각했습니다. 그리고 히틀러가 지배한 시기 동안

---

9 이는 스위스의 다보스에서 1929년 3월 17일~4월 6일까지 열린 제2차 다보스 포럼을 뜻한다. 프랑스어권 지식인과 독일어권 지식인의 대화와 화해, 학술 교류를 주목적으로 하는 이 포럼은 스위스, 프랑스, 독일 정부의 지원 아래 이루어졌다. 이 회의에서 에른스트 카시러와 마르틴 하이데거는 훗날 20세기 철학의 역사적 사건으로 불린 논쟁을 벌였다. 칸트와 인간성의 문제를 둘러싼 논쟁에서 카시러는 칸트의 초월적 도식론을 재해석하며 '상징적 동물'로서의 인간에게 있는 이성 사용이 여전히 우리에게 중요함을 설파했다. 반면에 하이데거는 칸트를 통해서 수학이나 자연과학의 기초를 놓기보다는 형이상학의 조건을 분명히 하고자 한다. 그는 순수 직관으로서의 시간을 감성의 형식으로 놓는 칸트로부터 인간이 시간 안의 존재이며 궁극적으로 유한성을 숙명으로 받아들여야 하는 존재임을 발견한다. 젊은 학생들은 주로 하이데거에게 이론적 동감을 표했던 것으로 보이며 레비나스 역시 그런 학생 중 하나였다.―옮긴이

제가 다보스에서 하이데거를 더 선호했던 것에 대해 저 스스로를 많이 책망했지요."[10]

이러한 회상들은 히틀러주의에 관한 텍스트의 과잉결정을 조명하기 위한 것이다. 이 텍스트는 하이데거에 '관한 해명'의 시작으로, '세계 최고의 철학자'가 죽음이라는 과제, 국가사회주의의 야만성에 동조한 불가해한 일을 해명하려는 첫 시도로 읽힐 수 있고, 또 그렇게 읽혀야 한다. 이는 엘리자베스 드 퐁트네(Élisabeth de Fontenay)가 "무한의 뒤틀림"이라 부른 것의 두 번째 계기, 곧 경이로움에 결부된 불투명성, 모호함을 동반한다. 하이데거와 나치즘의 관계에 대해, 레비나스는 자신의 당혹감과 그것에 대해 이해할 수 없음을 이렇게 말한다. "저는 모릅니다. 〔…〕 그것은 하이데거에 대한 제 생각 중 가장 어두운 부분이며 망각될 수 없는 부분입니다." 또는 "어떻게 그런 것이 가능할까요?"라고 그는 묻는다. 아울러 그는 망각에 대한 단호한 거부를 표현한다. "저는 히틀러에 연루된 하이데거를 결코 잊지 못할 것입니다. 그 관계가 단기간이었다 하더라도 그것은 영원히 남을 것입니다."[11]

1933년 5월 27일 거행된 「독일 대학의 자기 확언」이라는 총장 취임 연설이 있은 지 1년 정도 후에 쓰인 이 『히틀러주의 철학에 대한 몇 가지 반성』에서, 히틀러주의를 시험대에

---

10 "Entretiens", *op. cit.*, p. 78.
11 *Ibid.*, p. 74.

올려놓고 현상학적 방법의 발견적 힘과 비판적 힘을 작동하려는 결심을 어떻게 감지하지 않을 수 있겠는가? 이는 마치 저자가 현상학의 스승에게 거울을 들이밀어, 제자가 히틀러주의의 해석자로서 드러내는 데 성공한 거울 속 이미지를 스승이 알아볼 수 있는지 확인하려는 것 같은 일이었다. 거울을 든 자는 자신을 그 거울에서 알아보았을까, 혹은 자신을 그런 식으로 알아보는 일에 동의했을까? 그렇지 않다면, 도대체 그가 어떤 이유로 이러한 곤경에 자신을 연루시켰단 말인가? 결코 명시적으로 언급되지 않았으나 하이데거와의 숨겨진 관계를 암시하는 이 텍스트는 일종의 "반송 편지"와도 같으며, 레비나스가 히틀러주의에 관한 이 시론을 쓰고 나서 1년 뒤에 쓴 철학적 성찰인 『탈출에 관해서』와 인내심을 가지고 비교할 필요성을 제기한다. 이 글은 1982년 자크 롤랑의 편집을 거쳐 재출간된 주목할 만한 저작이다.[12] 왜냐하면—이것이 내 독해의 가설이 될 것인데—하이데거에 대한 은밀한 비판인 '탈출'이라는 범주가 속박의 현상으로 드러나면서 이미 '간접적으로' 히틀러주의에 관한 분석을 작동시키고 있기 때문이다. 따라서 서로 소통하고 있는 이 두 텍스트 간의 대면이 이루어져야 하는데, 비록 그것이 뒤집힌 형상의 형태라 하더라

---

12   E. Levinas, *De l'évasion*, introduit et annoté par Jacques Rolland, Montpellier: Fata Morgana, 1982. 이 글에서 이 책은 『탈출에 관해서』로 인용되며 면수가 병기될 것이다[에마뉘엘 레비나스, 『탈출에 관해서』, 김동규 옮김(서울: 지식을만드는지식, 2012)].

도, 이 속박의 조명, 또는 속박의 무대화야말로 대조의 효과를 통해 벗어남의 범주를 요구하고, 낳고, 강요하는 것이 아닐까? 히틀러주의를 대중적 속박의 경험으로 반성하는 일은, 그것을 수행한 사람에게 탈출의 필요성에 대한 필수적 성찰을 불러일으키지 않았을까? 『탈출에 관해서』에 대해, 레비나스는 1987년에 있었던 한 대담에서 이렇게 말한다. "1935년에 쓰인 원문에서, 우리는 다가오는 전쟁에 대한 불안과 모든 '존재의 피로', 그 시기의 정신 상태를 구별할 수 있습니다. 존재에 대한 불신은, 다른 형태로, 그때 이후 제가 할 수 있었던 모든 일에서 계속되었습니다. 당시는 어디에나 임박해 있던 히틀러주의의 도래를 예감할 수 있었던 시기였습니다."[13]

이러한 대결은 또 다른 대결을 요구한다. 실로 레비나스의 작품을 그 이중적 차원, 즉 철학적 차원과 유대교적 차원에서 받아들이는 사람, 한 사람의 철학자이자 한 사람의 유대 사상가 사이의 환원 불가능하고 해결 불가능한 긴장을 피하지 않고 사유하기로 한 이라면, 같은 시기(1935년 어간—옮긴이) 세계 유대인 연맹(Alliance israélite universelle)이 발간한 잡지 『평화와 권리』(*Paix et Droit*)에 수록된 텍스트들을 무시할 수 없다.[14] 여기서 「디아스포라 유대인으로 존재한다는 사실

---

13   "Entretiens", *op. cit.*, pp. 82~83.
14   이 텍스트는 다음 책에 수록되어 재출간되었다. *Cahier de l'Herne: Em-*

의 심각성」이라는 새로운 성찰이 전개된다. 철학의 언어로 발견되고 표출된 물음들은 전례 없는 박해에 직면한 유대인의 경험을 새로운 시각에서 확인하고 심지어 심화하기 위해 다시 등장한다. 예를 들어 히틀러주의에 대한 현상학적 해석의 관점에서 존재와의 관계 및 존재로부터의 벗어남과 관련하는 이교주의와 유대주의의 대립에 주목해 보자. "이교주의는 결코 정신의 부정도, 유일신에 대한 무지도 아니다. […] 이교주의는 세계로부터 빠져나오는 능력의 근본적 결여이다. 그것은 정신들과 신들을 부정하는 것이 아니라 그것들을 세계 안에 위치시키는 것으로 이루어진다. […] 자기충족적이고 자기폐쇄적인 이 세계 안에, 이교도는 갇혀 있다. 이교도는 세계를 견고하고 잘 자리 잡은 것으로 여긴다. 이교도는 그것을 영원한 것으로 여긴다. 이교도는 자신의 행동과 운명을 이 세계에 맞춘다. 세계에 대한 이스라엘의 감정은 전적으로 다르다. 그것은 의심으로 가득 차 있다. 세계 안에서 이교도가 가지는 확고한 기반을 유대인은 가지지 않는다."[15]

manuel Levinas. 이 책은 1991년 카트린 샬리에(Catherine Chalier)의 서문과 더불어 파리에 소재한 레른(L'Herne)에서 출판된 것으로, 해당 글은 139~153쪽에 실려 있다.

15 "L'actualité de Maïmonide", in *Cahier de l'Herne, op. cit.*, p. 144. 또한 *Ibid.*, pp. 150~151.

II

『히틀러주의 철학에 대한 몇 가지 반성』이라는 제목은 놀라운 것이다. 무엇보다 이 제목은 의도적으로 겸손함을 드러낸다. 이는 단지 몇 가지 반성만을 제시할 뿐이며, 그것은 이 글이 전체적이거나 총체적인 해석으로 주어진 것이 아님을 분명히 하기 위함이다. 이 글은 단지 현상의 본질을 인식하게 만들기 위한 몇 가지 탐색적 시도일 뿐이다. 히틀러주의는 그 '철학'이라는 프리즘을 통해 간접적으로 논의되는데, 이는 그 '철학'이 현상의 핵심, 즉 히틀러주의의 근본적 성격들을 연역해 내거나 명백히 드러낼 수 있는 핵심적 특성으로 인도할 수 있다고 여기기 때문이다.

이러한 설명으로 시작하는 것이 '히틀러주의 철학'이라는 표현의 기묘함을 축소하지는 못한다. 이 표현은 오늘날 독자들에게 철학과 철학의 가장 비열한 부정이었던 것 사이의 연결을 떠올리게 하여 일어나게 되는 불편함을 완화하기 위해 불가피하게 따옴표를 요구한다. 나는 레비나스의 당혹감에 대해 말했는데, 아마 [재앙적] 사건 이전 또는 사건의 초기에 붙여진 이 제목이 쇼아(shoah)[16] 이후에는 그에게 분명

---

16 우리에게는 홀로코스트란 말이 익숙하지만, 유대인에게는 쇼아란 말이 더 익숙하다. 쇼아(Shoah, שואה)는 '대재앙', '파국'을 의미하는 히브리어다. 제2차 세계대전 중 나치 독일과 그 협력자들이 자행한 약 600만 명의 유대인 학살 사건을 지칭하는 또 다른 말이다.—옮긴이

부적절해 보였을 것이다. 어떻게 철학의 고귀함과 국가사회주의의 비열함을 나란히 놓을 수 있겠는가? 그렇지만 이 기묘함을 명확하게 밝혀 보려 한다. 이 기묘함은 어떤 모호함도, 어떤 철학적 변용도, 현상을 더 수용할 만한 것으로 만들려는 어떤 미학화도 포함하지 않으며, 오히려 사실대로 말하자면, 그것은 사건의 근본성을 사유하면서 그 사건의 헤아릴 수 없는 심각성을 가늠하라는 절박한 호소로 되울려 퍼진다.

 레비나스의 글의 목적은 분명 히틀러의 철학이나 히틀러 추종자들의 철학을 설명하는 것이 아니다. 설령 그러한 것들이 반(反)-철학(contre-philosophies)으로 존재한다 하더라도, 그것은 조악하고 비참한 것일 뿐이다. 따라서 그 글은 국가사회주의에서 나타난 교의나 표상들을 분석하는 것도 아니다. 여기서 **주의**(isme)라는 것은 히틀러의 사상을 이데올로기화하는 것(히틀러의 사상은 이미 전적으로 이데올로기다)이기보다는 집단적 차원의 현상을 가리킨다. 이는 특수한 주체들의 표상을 연구하는 것과는 거리가 멀고, 하나의 정신 상태, 집단적 또는 차라리 비개인적 의식을 조명하는 일과 관련한다. 레비나스의 글은 다른 많은 글처럼 단순한 의견을 담은 글도 아니고, 또 하나의 교묘한 구성물도 아니다. 아니, 그것은 탁월한 현상학 강의로, 모든 설명을 넘어서 사태 자체에 도달하려는 노력이며, 동시에 독자에게 돌이킬 수 없는 각성-쉴 새 없는 불면-을 불러일으키려는 노력이다.

 (자크 마리탱Jacques Maritain을 따르는) 『반유대주의의 정신

적 본질』이라는 글에서도 비슷한 기이함이 나타난다. 이 글은 『히틀러주의 철학에 대한 몇 가지 반성』보다 약간 늦게 쓰인 것이다. 레비나스는 여기서 "반유대주의의 형이상학"이라는 표현을 사용하면서, 이 용어들의 조합이 놀라운 것일 수 있다는 점을 곧장 인정한다. 그런데 어느 경우든, 가장 심원한 것이 가장 구체적이며, 가장 구체적인 것이 가장 심원한 것이기에, 가장 구체적인 것을 드러내는 일이 관건이 된다. 만일 인간 존재에게서 최고의 구체성이 지향성이라면, 이에 히틀러주의와 반유대주의를 특정한 지향성들의 조직, 얽힘으로 인식하고 해석하는 일이 문제가 된다. 현상학자는 표상이나 교리적 요소들에 집착하기보다는 일단 이러한 지향성들을 밝혀낸 후 그 안에 암묵적으로 내포된 것을 명시화하는 것을 과제로 삼을 것이다. 따라서 유대인의 운명은 세계에의 '이방인-존재'(être-étranger)로서, "그 자신을 포함하는 것처럼 보이는 세계를 문제시하고 쟁점화하는 것"으로 정의될 수 있다. 이 경우 반유대주의는 "**초자연에 대한 자연의 반란, 그 자신의 신격화를 열망하고 그 고유한 본성 안에서 시복되기**(béatification)**를 열망하는 세계**"로 전개될 수 있을 것이다.[17] 이러한

---

17   *Ibid.*, p. 151[이 문장에서 béatification은 가톨릭교회에서 특정인을 복자(福者, Blessed)로 선언하는 절차를 뜻한다. 완전히 성인이 되는 '시성(canonization)'의 전 단계로서, 교황에 의해 복자로 선포되면 특정 지역과 교회에서 공경과 존중을 받게 된다. 레비나스는 반유대주의가 영원 없는 자연 세계 내에서 스스로 공경과 존중받기를 열망하는 특성을 가

복합적 지향들에 대해 감정은 비교할 수 없는 접근 경로를 열어 준다. 이미 프라이부르크에 관한 글에서 레비나스는 현상학자들에게 감정이 얼마나 중요한지를 강조했다. "그들의 근본적인 생각은 […] 감정이 실현하는 세계와의 관계의 특수성을 긍정하고 존중하는 것이며, […] 그들은 여기에 관련한다는 것, 감정들이 그 자체로 '어떤 것을 지향한다'는 것, 그리고 바로 그렇기에 감정이 우리 자신에 대한 초월이자 세계에 대한 우리의 내속함을 구성한다고 확고하게 주장한다. 결과적으로 그들은 세계 자체—객관적 세계—가 이론적 대상의 모형을 따라 만들어진 것이 아니라, 훨씬 더 풍부한 구조들을 통해 구성되며, 오직 이러한 지향적 감정들만이 그 구조들을 파악할 수 있다고 주장한다."[18] 지향성의 담지자로서 이러한 감정들은 세계를 엮어 내거나 근본적 존재 방식을 그려 낸다. 이것이 바로 레비나스가 『히틀러주의 철학에 대한 몇 가지 반성』에서 채택한 관찰의 요점이다. "히틀러주의는 […] 원초적 감정을 일깨우는 것이다. […] 그러한 원초적 감정에 철학이 내포되어 있[고] […] 이 원초적 감정이 현실 전체와 자신의 운명 앞에 선 정신의 최초 태도를 표현한다. 또한 이 감정은 영혼이 세계에서 겪게 될 모험의 의미를 미리 규정하거나

진다는 점을 강조하고 있다—옮긴이].

18 "Fribourg, Husserl et la phénoménologie", in *Revue d'Allemagne, op. cit.*, p. 408.

예시한다".[19]

 이렇게 히틀러주의를 해석하려는 레비나스의 출발점―존재의 감정―과 제목에 다가서 보면, 겉보기에 부적절해 보이던 점이 사라진다. 더 나아가, 특정한 존재 감정에서 출발하여 히틀러주의의 암묵적인 면을 드러내고 이를 전체적인 차원에서 무대에 올리고자 하는 이 현상학적 접근은 충분히 적절하다. 후설이 의식의 구체성에 대한 새로운 접근법을 열기 위해 모든 심리주의와 심리학의 영향을 받은 구성을 멀리 했듯이, 레비나스도 의도적으로 사회학적 설명들―여기서는 어떠한 사회 집단 분석도 시도되지 않는다―이나 이데올로기적 분석들―어떠한 사조, 저작, 저자명도 인용되지 않는다―혹은 논리적 대립들로부터 거리를 둔다. 히틀러주의를 전례 없이 심원한 수준에서 이해하고, 더 엄밀하게는 정치적 이데올로기들과 담론들이 발전하고 정교화될 기반이 되는 층위를 발견하고자 한다면, 이러한 거리 두기는 필수적이다.

 히틀러주의의 새로움, 그것의 근원성―그리고 또한 그것을 더 잘 근절하기 위해 공격을 가해야 할 지점―은 신체 경험에 부여된 우위를 통해 구성된 세계와의 새로운 내속 관계이다. 나는 이 텍스트의 위상을 설정하기 위해 "반송"이라

---

[19] 앞으로 『히틀러주의 철학에 대한 몇 가지 반성』을 인용할 때는, 본문에 바로 면수를 표시할 것이며, 여기서는 7쪽이다〔이 번역서로는 9쪽―옮긴이〕.

는 표현을 썼다. 실제로 이는 현상학의 발견적 풍부함을 활용하는 것, 더 정확하게는 마치 이 글의 저자가 하이데거의 개념들을 통해, 그가 1933년 5월 총장 취임 연설을 하면서 공개적으로 합류했던 운동의 본질에 대해 하이데거를 깨우치려 했던 것처럼, 하이데거의 개념인 **기분**(Stimmung) — 정서적 성향 — 을 활용하여 어떤 면에서 그것을 하이데거에게로 되돌려 주는 것이 아닌가? 이를 위해 레비나스는 히틀러주의의 **기분**을 파악하고자 한다. 이는 특정 행위자의 주관적 정감이 아니라, 현상학적으로 말해 사태 자체로부터, 또 세계로부터 발산되는 분위기를 말한다. 1932년 하이데거에 관한 분석에서, 그는 성향과 존재 방식 사이의 동등성을 이렇게 제시했다. "하이데거에게 이러한 정감은 상태가 아니라 자신을 이해하는 방식이다. 다시 말해 이는 곧 이 세계에서 존재하는 방식이기도 하다. 이해로부터 분리되지 않는 정서적 정감 — 이해가 존재하게 되는 방식 — 은 현존재가 자신의 가능성에 운명 지어져 있으며, 현존재의 '이 세계에 있음'이 바로 그 자신에게 부과되어 있음을 우리에게 드러낸다."[20] 또한 1929~1930년 강의, 『형이상학의 근본 개념들』에서 하이데거는 기분을 다음과 같이 정의한다. "기분은 부수 현상이 아니다. 오히려 그것이야말로 공동존재를 정확히 앞서 조율하여 규정하는 것이

---

20 "E. Levinas, Martin Heidegger et l'ontologie", in *En découvrant l'existence avec Husserl et Heidegger*, Paris: Vrin, 1967, p. 68.

다. [⋯] 기분은 하나의 양식으로, 순전히 하나의 형식 또는 외적 양식이 아니라 선율이라는 음악적 의미에서의 양식이다."[21] 기분은 상부구조가 아니라, 우리가 세계와 역사에 연루되는 양태다. 거기서 현존재(être-là)와 공동존재(être en commun)가 자신들의 가능성으로 맺는 관계가 형성되고 맺어지게 된다. 레비나스의 대답은 더할 나위 없이 명확하다. 히틀러주의의 기분은, 신체 경험에 부여된 특권으로 인해 특정한 존재 방식, 즉 못 박힌 존재(être rivé)를 조율하여 규정하는 **속박**이다. 그리고 이데올로기적 상부구조나 교리적 정교화보다 훨씬 상위에 있는 이 가장 심원한 구조의 관점에서 히틀러주의를 판단하는 가운데 그 '소름 끼칠 정도로 위험한' 성격을 말해야 한다.

III

매우 짤막한 글이기는 하지만, 1990년에 쓴 후기에서 그는 이렇게 주장한다. "이것은 국가사회주의의 피비린내 나는 야만성의 근원이 인간적 추론의 우연한 이상 증세나 우발적인 이데올로기적 오해에서 유래한 것이 아니라는 확신에서 나왔

---

21   M. Heidegger, *Les Concepts fondamentaux de la métaphysique*, traduction de Daniel Panis, Paris: Gallimard, 1992, p. 108.

다. 이 글에는 국가사회주의의 근원이 **원초적 악**의 본질적 가능성에 있다고 보는 확신이 담겨 있다. 건전한 논리도 그 가능성에 도달할 수 있으며, 서양철학은 그것에 대해 충분히 방비하지도 못했다."[22] 이는 히틀러주의를 얼마나 심각하게 받아들여야 하는지를 인식하는 것이다. 히틀러주의는 우연한 사건도, 죽어가는 사회형태의 발작도, 몇 주 또는 몇 달 안에 붕괴할 운명의 체제도, 광기도, 전염병도, 심지어 선동의 효과도 아니다. 원초적 감정들의 표현으로서, 또는 더 정확히는 이러한 감정들을 통해 읽어 낼 수 있는 철학으로서 히틀러주의는 하나의 문명, 즉 유럽의 근본 원칙들 자체를 문제 삼는 것이다. 이 선언은 그저 언론의 상투적 문구를 넘어 철학적으로 근거가 있는 것이다. 이는 히틀러주의의 '근본 원리', 그 원천, 직관 또는 '최초의 결단'을 파악하기 위해 우리가 어떤 관찰 영역에 서야 하는지를 보여 준다. 국가사회주의가 유럽 문화의 주요 방향들, 즉 유대교, 그리스도교, 계몽주의에서 비롯된 자유주의와의 단절은 물론이고, 심지어 마르크스주의가 그 이전의 정신적 형태들에 비해 새로이 만들어 낸 차이에도 불구하고 마르크스주의와도 단절하는 것은 바로 이 **모태적** 차원에서이다.

'자유정신'과의 단절은 확실히 정치적 자유들을 포함하지만, 또 그것을 훨씬 넘어서는데, 이는 그것이 인간 운명에

---

22 1990년의 "후기"를 보라. 이 책에서는 25쪽(이 번역서로도 25쪽).

대한 개념을 다루기 때문이다. 인간과 세계의 갈등적 관계에서, 자아, 그리고 자아와 타자의 갈등적 관계에서, 곧 레비나스가 『탈출에 관해서』 서두에서 "인간의 자유와 그것과 충돌하는 존재의 잔혹한 사실 사이의 불일치"라고 지칭할 관계에서, 하나의 연속성이 유럽 문화의 주요한 태도들을 연결한다는 것을 이해하자. 분명히 다른 길들을 통해 동일한 탐구가 계속 있어 왔고, 자아와 비자아 사이의 자유의 놀이 덕분에 존재를 초월하는 것을 목표로 하는 동일한 반항이 있어 왔다. 유럽의 이념은 자유의 정신 속에서, "세계와 세계에서 인간의 행동을 요구하는 가능성들에 대한 인간의 절대적 자유의 감정" 속에서 구성되어 왔다. "인간은 우주 앞에서 영원히 자신을 새롭게 한다. 절대적으로 말하자면, 인간에게는 역사가 없다"[10쪽]. 또는, 유럽 문명 — 자유정신 — 의 다양한 모습들은 그 다양성에도 불구하고 인간을 기정사실로 주어진 불가변성과 시간의 압제로부터 해방한다는 공통점을 가지고 있다. 실제로 인간 존재의 조건인 시간을 어떻게 고려해야 할까? 시간을 돌이킬 수 없는 것의 조건으로 봐야 하고, 또 그런 의미에서 존재라는 사실의 잔혹함의 표현으로 봐야 할까?

시간의 지배에 대한 해방(libération)이자 자유화(émancipation)의 여러 방식이기도 한 문명의 여러 양식을 간단히 살펴보기 위해 이 물음은 잠시 미뤄 두고자 한다.

용서란 유대주의의 몫이다. 이러한 태도, 또는 이러한 움직임 덕분에 오히려 "인간은 현재 안에서 과거를 변형하고 과거를 지워 낼 실마리를 찾는다. 시간은 그 비가역성 자체를 잃어버린다"〔11쪽〕. 그리스도교에 할애한 논의에서 레비나스는 그 반항의 위대함을 칭송한다. "저주처럼 낯설고 잔혹한 과거"의 지배에 맞서 그리스도교는 십자가가 지속적으로 구원을 가져오는 신비적 드라마인 시간의 드라마를 내세운다. 구원의 약속 덕분에, 그리스도교는 확정적인 것을 해체하고, 항상 과거를 의문시하며, 더 나아가 과거와 현재의 이례적 전복으로 이끈다. "예지계적 본성"을 가진 그리스도교의 영혼 개념은 모든 속박으로부터의 무한한 자유를 향해 나아간다. 세계 내에 정착해 있음에도 불구하고 자신을 추상화하고 분리할 수 있는 구체적 갱신의 힘인 영혼은 부활의 가능성에 열려 있다. 여기서 다시 시간에 대한 승리, 과거의 억압에 대한 승리, 그리고 자유로의 접근이 결합된다. "운명의 선택이 자유로울 뿐 아니라, 이루어진 선택조차 속박이 되지 않는다"〔12쪽〕. 이 초자연성—또는 초자연에 대한 이런 접근—은 "자연적 존재의 깊은 층들을 찢어발기며" 우위에 서게 되고 역설적으로 죽은 자가 산 자를 붙잡는다는 공식을 뒤집는다.

    자유주의가 극적 강렬함을 상실하더라도, 그것은 이를테면 수학적 명증성을 통해 생물학적 조건에서 벗어날 수 있는 정신의 무중력성과 같은 이성의 주권을 긍정한다.[23] 자유

---

23   E. Levinas, "Être occidental", in *Difficile liberté*, Paris: Albin Michel, 1976, p. 71.

주의는 그 유래가 되는 근대 철학과 마찬가지로, 인간 정신을 현실보다 상위의 차원에 위치시켜 "인간과 세계 사이에 심연(abîme)을 파고" 존재의 사실에 대항하려 한다. 도덕적 종으로서 인류라는 개념은 물리적 세계에서나 유효한 범주를 인류에 적용하는 것을 부당하게 만든다. 은총을 대체하는 자율성과 더불어 이성 앞에 놓인 논리적 선택들로 제시되는 가능성들에 대해 거리를 둘 줄 알게 됨으로써 이성은 자유를 획득한다. 혼탁한 일치들을 거부함으로써 자라나게 된 이 거리 두기에 관한 관심 배후에는 결정론들로부터, 특히 과거로부터 전해진 규정들에서 벗어나려는 의지가 확인된다. "자유주의 세계의 인간은 역사의 무게 아래에서 자신의 운명을 선택하지 않는다"[14쪽].

이러한 모습을 통해, 인간 정신을 현실보다 우월하고, 구체적 역사의 무정한 세계와 그런 세계의 예속을 넘어선 것으로 정립된 자유라는 **중심 동기**(leitmotiv)가 되풀이되고 강화된다.

이러한 고귀한 자유주의적 야망에 대항하여, 마르크스는 『루이 보나파르트의 브뤼메르 18일』 서두에 이렇게 쓴 바 있다. "인간은 자신의 역사를 만들어 가지만, 그들이 선택한 조건 아래서 자의적으로 역사를 만드는 것이 아니라 과거로부터 직접 주어지고 물려받은 조건 아래서 만들어 간다. 모든 죽은 세대의 전통이 산 자들의 뇌를 매우 무겁게 짓누른다."²⁴ 그래서, 레비나스의 눈에는 마르크스주의가 예외로 보였다. 하지만 그는 이것이 단지 잠정적 예외일 뿐이라는 말을 서둘러 덧붙인다. 왜냐하면 비록 마르크스주의가 물질적 욕구에 사로잡힌 정신을 구상하고, 역사가 부과하는 관계들과 규정된 상황들 속에 이성과 정신을 다시 끼워 넣는다고 할지라도, 마르크스주의가 '자유의 통치'를 포기하지는 않기 때문이다. "마르크스 그 자신에게도 사회적 상황을 의식한다는 것은 그러한 상황이 내포하는 숙명론으로부터 벗어나는 일인 것이다"[16쪽]. 정치경제학 비판―이것은 분명 비판에 관한 것이다―의 목적은 인간을 경제의 물질성에 속박하는 것이 아니라 그로부터 발생하는 제약에서 인간을 해방하는 것이다. 훨씬 나중에 나오게 될 『유대교와 혁명』에서 레비나스는 혁명 개념을 탈형식화하고 그것을 내용으로 정의할 것을 강조하기에 이른다. 그가 선언하길, 혁명은 인간을 해방하는 곳에, 즉 인간을 경제적 결정론으로부터 벗어나게 하는 곳에 있다.²⁵

히틀러주의의 혁신은 예속으로의 진입이다. 이 사건은 물론 정치적 예속을 포함하지만, 그것을 훨씬 넘어서서 가장

---

24 K. Marx, *Le 18 Brumaire de Louis Bonaparte*, Paris: Libertés—J.-J. Pauvert, 1964, p. 219.

25 E. Levinas, "Judaïsme et Révolution", in *Du Sacré au Saint*, Paris: Minuit, 1977, p. 24.

심원한 곳까지 가 닿는다. 정치적이기보다 정신적인, 자유의 이 복잡한 역사와 관련하여, 레비나스는 국가사회주의의 환원 불가능한 이질성을 정립한다. 유럽 문명과의 근본적 단절 속에서 새로운 인간 개념, 인간 운명에 대한 새로운 개념이 출현하는데, 이는 본질적으로 존재에 대한 새로운 감정, 존재와 관계 맺는 새로운 방식, 즉 새로운 존재 방식으로 구성된다. 레비나스의 현상학적 분석이 히틀러주의 현상의 존재론적 차원을 나타나게 하고자 노력한 것은 히틀러주의 철학의 다음과 같은 예외적 중차대함을 측정하기 위함이었다. 그것은 인간에 대한 전례 없는 공격이다. 이것이 바로 1934년 11월 논고의 너무나도 확고한 결론이다. "문제가 되는 것은 민주주의, 의회주의, 독재 체제 또는 종교 정책의 이런저런 도그마가 아니라 인간의 인간성 그 자체이다"[24쪽]. 구체성의 신격화라는 명목 아래, 구체적인 것을 향한 방향 설정과 존재의 야수화 사이의 불길한 혼동이 자리 잡았다.

    히틀러 치하 독일의 「시간적인 것 속에서의 존재론」은 이렇게 정의될 수 있다. 즉 생물학적 신체의 우위, 그에 따른 혈통과 인종에 대한 드높임은 다음과 같은 특정한 존재 방식에 속한다. 인간이 **못 박혀** 있는 그 상황이 이제 인간 존재의 토대를 이루며, 역설적으로 이것이 인간의 존재-가능(pouvoirs-être)을 제한한다.

    논의를 더 전개하기 전에 몇 가지 주목할 점을 짚어 보자.

- 텍스트의 첫 부분에서 자유, 자유의 정신은 시간과의 관계에서, 시간의 드라마와의 관계에서 정의된다. 용서든 은총이든 이성의 자율성이든, 이러한 것들은 정신을 시간의 무게로부터 벗어나게 하고, 인간들을 앞선 역사의 멍에 아래 굴종하게 한 과거의 돌이킬 수 없음으로부터 해방되게 해 준다. 그런데 유럽 역사에서 히틀러주의가 표상한 단절을 고찰하는 이 논고의 두 번째 부분에서는 시간의 문제가 새로운 문제, 즉 신체의 문제를 위해 포기된 것처럼 보인다. 생물학적 신체에 대한 드높임과 그것이 제공하는 동일화의 유형이 자유의 소멸과 예속 상태로의 진입을 나타낸다. 이는 자유에 관한 발전에서 그토록 중심적이었던 시간의 물음이 방치되고 망각되었음을 뜻하는가? 절대 그렇지 않다. 레비나스의 분석은 전위(déplacement)를 수행한다. 왜냐하면 바로 이 새로운 신체 경험과 그것을 뒷받침하는 존재 감정―**못 박힌** 존재라는 첨예한 감정―을 통해 새로운 시간 경험이 나타나는데, 이러한 시간 경험에서는 과거가 승리하여 현재에 **지배력**을 행사하는 방식으로 나타나기 때문이다. 신체에 대한 이런 집착은 여러 효과를 내포한다. 그것은 구속되어 있음을 받아들이는 것인데, 이는 과거에 대한 받아들임으로도 작용하며, 더 나아가 유전으로 잔인하게 환원되고 유전과 혼동되는 과거라는 이 모호하고 불분명한 힘들 앞에서 스스로를 단념하는 것으로도 작용한다. 이는 마치 현존재(*Dasein*)의 존재-가능이 열려 있음에서가 아니라―여기에 역설이 있다―정신적 삶의 핵심이

되는 자기에 대한 닫힘 속에서 구성되는 것과도 같다. 이러한 새로운 존재 방식에서, 신체의 차원과 시간의 차원은 신체가 더 이상 자아에게 낯선 것으로 체험되지 않는 만큼 더욱 밀접하게 결합된다. 신체가 자아에 밀착되는 것과 관련해 레비나스는 이 엮임을 다음과 같이 강조한다. "그것은 하나의 결합이며, 그 어떤 것도 이 결정적인 것의 비극적 양식을 변질시킬 수 없다"(19쪽). 시간의 차원은 여전히 근원적 차원을 이룬다. 신체에 부여된 중요성이 어떠하든 간에, 레비나스에게 있어 판단의 규준은 이론의 여지 없이 시간과 자유의 관계이다. 만약 1934년 텍스트를 이렇게 읽는 것이 너무 앞서 가는 것이라고 보지 않는다면, 시간과 인간의 관계가 레비나스의 판단 규준이라 해도 좋다.

- 그러므로 시간이 우위성을 갖는다. 자유 정신의 이 오디세이아가 전제하는 시간 개념으로 돌아가 보자. 레비나스에 의하면, "인간 존재의 조건인 시간은 무엇보다도 돌이킬 수 없음의 조건이다"(11쪽). 그리고 돌이킬 수 없음에서 이 "무엇보다도"에 무게감을 주기 위해, 운명은 선물보다는 짐으로 여겨진다. "이미 성취된 사실(fait accompli)〔기정사실〕은 인간의 지배력에서 영원히 벗어나 〔…〕 인간의 운명을 또한 짓누른다." 시간에 대한 비극적 관점, 즉 "지울 수 없는 과거의 고정불변성이라는 비극"이 여기서 확언된다. 그리고 이러한 개념의 논리 속에서, 주도권을 부여받은 것은 연속밖에 없도록 운명 지어진다. 이와 대조적으로 진정한 자유란 무엇

인지를 따지는 사유가 있다. 그것은 참된 시작과 결합되어 있으며, 과거의 속박에서 벗어나 영원히 다시 시작할 수 있는 진정한 현재로 나타난다. 우리가 주목하는 구절은 이중적 움직임을 담고 있다. 레비나스는 하이데거를 받아들이면서 처음에는 그의 방향을 따르다가, 두번째 단계에 이르러 그로부터 분명하게 분리되기에 이른다. 실로, 하이데거의 철학적 발견에 예민했던 레비나스가 보기에 시간성과 현존재는 명백히 공속함(co-appartenance) 가운데 있다. 레비나스가 시간을 인간 존재의 조건으로 설정할 때, 그는 분명 『존재와 시간』의 핵심 논지를 참조하고 있다. 여기서 시간은 현존재의 내적 구조로 설정되어 있다. 45절을 보자. "그런데 현존재의 실존성의 근원적인 존재론적 토대는 시간성이다."[26] 그런데 레비나스는 곧바로 의도적이고 중요한 차이를 두며, 시간이 무엇보다도 —이것이 본질적 차원이다—돌이킬 수 없는 것의 조건이라고 명시한다. 시간과 인간 조건 사이의 내적 관계 때문에, 이 조건을 현재—또는 미래—의 무게 아래서, 즉 시작함 그 자체의 열림 그 자체로 생각하기보다 오히려 이 돌이킬 수 없는 것, 과거의 무게라는 무게 아래서 생각하는 것이 적절하다.

이는 하이데거와 비교해 상당한 차이를 보이는 부분이

---

26 M. Heidegger, *Être et Temps*, traduction d'Emmanuel Martineau, Paris: Authentica, 1985, p. 175.

다. 하이데거는 "그의 존재 속에서 이 존재 자체가 문제가 되는" 현존재를 그것에 속하는 초과 때문에 영구적인 미완의 상태-지속적인 비-전체성-에서 사유한다. 염려의 주요 특징인 "'자기의 앞질러 감'은 체계의 닫힘과 양립할 수 없는 '열림'을 의미한다. […] 우리는 닫힘에 대항하여 열림을 '선택' 했다".[27] 현존재에게 존재한다는 것은, 가능성을 위한 존재로서, 그 자신의 존재-가능과 관계 맺는 것으로 이루어진다. 더욱이 시간의 구조를 염려의 구조와 연결하는 것은 존재를 돌이킬 수 없는 것으로부터 멀리 떨어트린다. 왜냐하면 하이데거는 시간의 세 차원의 통일성 안에서 미래에 우위성을 부여하기 때문이다. 『존재와 시간』의 저자는 과거를 무시하지 않고 오히려 그것을 있어 온-것(être-été)으로 정의하며, 바로 이 차원을 수용하는 형태로 이해하는 한에서 그것을 오직 미래로부터 생각될 수 있는 것으로 설정한다. 65절을 보자. "있어 온-것은 어떤 면에서 미래로부터 솟아난다."[28] 여기에 현존재를 죽음을 향한 존재로 정의한 것을 덧붙여 보자. 이는 염려의 구조에 고유한 자기의 앞질러 감이 죽음에서 가장 극단적으로 구체화된 방식으로 마주하게 됨을 의미한다. 가능성의 존재로서 현존재는 죽음을 향한 존재에서 자신의 가장 고유한 가능성을 발견한다. 53절에 따르면 "죽음은 현존재의

---

27   J. Greisch, *Ontologie et temporalité*, Paris: PUF, 1994, p. 267.
28   M. Heidegger, *Être et Temps, op. cit.*, p. 229.

가장 고유한 가능성이다. 죽음을 향한 존재는 현존재에게 가장 고유한 존재 가능성을 열어 주며, 그 가능성 안에서는 순전히 현존재의 존재가 문제시된다". 또한 50절에도 다음과 같은 결정적인 말이 등장한다. "죽음은 현존재의 순수하고 단순한 불가능성의 가능성이다. 따라서 죽음은 가장 고유하고, 절대적이며, 넘어설 수 없는 가능성으로 드러난다. 이런 의미에서 죽음은 탁월한 선행성(précédence insigne)이다."[29]

이런 의미에서 하이데거는, 현존재를 존재에의 열림, 탈자적 실존으로 사유하는 한에서 이 현존재를 자신의 존재-가능과 관계 맺을 가능성을 해칠 수 있는 모든 규정에서 벗어날 수 있는 능력으로 파악한다. "현존재인 인간은 문자 그대로 존재의 '거기'이고, 존재에의 열림이며, 따라서 이 현존재는 생존 욕구 충족을 향한 기계적이고 절박한 추구 속에 존재자에 못 박힌 채로 있지 않는다."[30] 만일 하이데거의 정식을 레비나스의 것과 대조한다면 다음과 같이 표현할 수 있을 것이다. "시간은 인간 실존의 조건이며, 무엇보다 현존재에게는 자기 자신을 위한 존재 가능성이다."

레비나스의 이러한 저항은 어디서 오는 것일까? 시간성

---

29   *Ibid.*, p. 185, 192.
30   L. Ferry, A. Renaut, *Heidegger et la modernité*, Paris: Grasset, 1988, p. 202.

의 구조를 받아들이면서도 즉각 다른 방향으로 기울어지는 이 차이를 어떻게 해석해야 할까?

여기서 전도서의 기억, 코헬렛의 말씀의 메아리를 감지해야 할까? "지금 있는 것은 언젠가 있었던 것이요, 지금 생긴 일은 언젠가 있었던 일이라. 하늘 아래 새로운 것이 있을 리 없다! […] 탄생하는 것은 오래전에 이미 그 이름이 지어져 있었으며, 인간의 조건은 미리 정해져 있도다."[31] 이 1934년 텍스트에서, 시간에 관한 규정과 결부되어, 그리스도교의 반항이 맞서 싸웠을 죄에 대한 암시가 형성된다. 그런데 이러한 시간에 대한 특정한 관계는 그리스인에게서 찾아져야 할 것이다. 레비나스는 "낯설고 잔혹한 과거의 포박 속에서 몸부림치는" 아트레우스 가문을 언급하지 않는가? 그리고 그는 그리스의 운명의 여신인 모이라의 비극에 "시간 앞에서 인간의 자연적 무력함에 대한 통렬한 감정"을 부여하지 않는가? 이 이름은 죽음을 암시한다. 왜냐하면 그리스 종교에 따르면, 모이라는 각 개인의 운명, 특히 모든 사람의 몫인 죽음을 결정하는 여신이기도 하기 때문이다. 죽음은 돌이킬 수 없는 것의 얼굴인가?

레비나스는 이러한 시간에 대한 비극적 시각, 즉 결정적이면서 기정사실인 것에 관한 사유를 공유하는 것과는 거리

---

31   *La Bible*, traduction du Rabbinat français sous la direction de Z. Kahn (Paris: Colbo, 1966), p. 1040. {전도서 1:9~10}.

가 멀다. 만약 그렇지 않다면, 왜 그는 유럽 문명을 시간의 폭정에 맞선 지속적 반란이라고 칭송했을까? 왜 그는 그런 유럽 문명의 단절을 대표하는 것에 맞서 봉기했는가? 왜 그는 참된 현재, 참된 자유, 즉 시간의 지배에서 벗어나는 진정한 시작에 관해 물음을 던지는가? 그것은 바로 그가 시간의 드라마에 민감하고 이러한 지배의 행위를 파악했기 때문이며, 이에 그의 작업은 전례 없는 방식으로 그런 시간의 원환을 깨고 그 족쇄를 풀려고 노력할 것이다.

    나는 하이데거에 관한 해명에서 시작한다고 말했다. 사실, 레비나스가 돌이킬 수 없는 것에 대해 강조하고, 그리스의 모이라에 대해 언급하는 것은 이미 죽음을 현존재의 가장 탁월한 가능성으로 인식하는 하이데거의 관점에 대한 근본적 반감에서 비롯하는 것이 아닐까? 이러한 관점에서 볼 때, 1932년 연구는 하이데거 철학의 주요 방향에 대한 일반적 개요를 제시하고자 하며, 레비나스에 의하면, 하이데거 철학의 참신함은 존재 이해(compréhension de l'être)를 인간 존재의 한 방식으로 제시하는 데 있는데, 유한성의 중요성은 인정되지만 죽음을 향한 존재에 대한 언급이 없다는 것은 징후적이며, 놀라운 것이다. 『탈출에 관해서』에서, 그는 죽음을 출구나 해결책으로 인정하기를 거부할 것이다. 이후에 레비나스는 하이데거의 '자유의 사건'인 '불가능성의 가능성'에 대립하여, '가능성의 불가능성'을, 즉 죽음을 모든 존재-가능의 중단으로 제시할 것이다. 『시간과 타자』(1947)에서 그는 이렇게 쓰고 있다. "죽음에 접근할 때 중요한 것은, 어느 순간 **우리가 더 이상 할 수 있음을 할 수 없게 된다**는 것이다. 바로 이 점에서 주체는 주체 그 자신의 지배력마저 상실하게 된다."[32]

아마도 어떤 의구심의 고백을 감지해야 하는 것이 아닐까? 하이데거의 저작은 전적으로 자유로서의 존재-가능을 향하게끔 방향이 설정되어 있는가? 이해와 존재론적 선이해 사이의 관계로 인해, 그것은 존재의 무게에 영향을 받지 않는가? 사실이라는 이념 자체가 과거를 향한 시간과의 관계를 포함하고 있지 않은가? 1940년 『시간적인 것 속에서의 존재론』(*L'Ontologie dans le temporel*)에서 레비나스는 이렇게 평가할 것이다. "우리가 이미 소유하고 있는 것을 찾는 것이 문제가 된다. 이 상황을 『메논』의 상기와 혼동하지 말자. 이는 엄밀히 반플라톤적 의미를 지니는데, 왜냐하면 그의 작업은 모든 것을 스스로 끌어내는 주체의 절대적 자유를 주장하는 것이 아니라, 모든 주도권을 우리의 특정 가능성들의 선취적 현실화(réalisation anticipée)에 종속시키는 것이기 때문이다. 이미 우리 안에는 성취된 것이 있으며, 오직 존재에 깊이 참여함으로써만 미래의 가능성에 눈을 뜰 수 있다. 우리는 결코 우리의 운명 앞에서 완전히 새롭게 시작하지 않는다."[33]

---

32 E. Levinas, *Le Temps et l'Autre*, Paris: PUF, coll. "Quadrige", 1983, p. 62〔에마뉘엘 레비나스, 『시간과 타자』, 강영안·강지하 옮김(서울: 문예출판사, 2024)―옮긴이〕.

33 E. Levinas, "L'ontologie dans le temporel", in *En découvrant l'existence*

만일 철학이 존재에 대한 이해라면, 전례 없는 사건인 히틀러주의―레비나스가 이해하는 의미에서의 히틀러주의 철학―는 철학자에게 이 새로운 존재 방식에 대한 해명을, 또한 여기에 수반되는 다양한 쟁점들, 그리고 유럽이라는 관념 자체와 관련된 문제들에 대한 해명을 요구한다. 따라서 레비나스가 순전히 비극적 시간 개념에 순수하고 단순하게 동의한다고 여기는 것은 잘못된 일일 것이다. 존재의 사실과 관련하는 이런 시간의 차원을 확인하면서, 그는 오히려 전통 철학과 하이데거로부터 동등하게 거리를 유지하는 새로운 길을 열고자 한다. 어떤 의미에서 "시간은 […] 무엇보다도 돌이킬 수 없는 것의 조건이다[…]"라는 명제는 레비나스가 새로운 길을 개척하려는 노력의 기반이 된다. 전통 철학과는 거리를 두면서도, 레비나스는 시간에 맞서려는 전통 철학의 시도, 예를 들어 "시간적 현재에서 영원한 현재로의 이행"을 높이 평가하지만, 하이데거 이전의 입장으로 돌아갈 수는 없다고 주장한다. 왜냐하면 그러한 입장은 구체적 삶과 동떨어져 있으며, 시간으로부터의 자유를 마치 상황과 역사에서 벗어난 비육체적 정신의 자유처럼 생각하기 때문이다. 그런데 레비나스는 하이데거와도 거리를 두고자 하는데, 이는 그에 대한 다음과 같은 세 가지 불신에서 비롯한다. 『탈출에 관해서』에서 훌륭하게 주제화된 존재에 대해 공언된 불신, 죽음을 향

avec Husserl et Heidegger, op. cit., p. 81.

한 존재에 관한 1932년의 침묵에서 미루어 볼 수 있는 불신, 영웅의 선택, 민족 공동체에 대한 호소와 전투적 복종이라는 주제가 한데 모여 있는 『존재와 시간』 74절에 대한 분명한 불신이 바로 그것이다.[34]

    1934년 텍스트에 내재된 물음 하나가 수개월 후 출간되는 『탈출에 관해서』에서 전개되거나 오히려 구성된다. 그 물음은 다음과 같다. 시간(그리고 동시에 인간 조건)이 돌이킬 수 없고 뒤집을 수 없는, 기정사실에 해당하는 것이 되지 않기 위해서는 어떤 조건을 충족해야 하는가? 요컨대 참된 현재, 참된 시작에 도달하기 위해서는 어떤 조건을 충족해야 하는가?

    회고적 환영에 빠지지 말고, 『어려운 자유』(1963)를 갈무리하는 「서명」이라는 텍스트로 눈을 돌려 보자. 이 철학적 여정의 단계들이 이 글에 매우 정확하게 그려져 있다. 존재에 대한 의구심, 즉 "존재자 없이 존재하는 익명으로 존재하는 것의 혼란스러운 소음 […] 이는 **그저 있음**(il y a)—비인격적으로—은 **비가 온다**거나 **밤이 온다**고 하듯이 있는 것을 말한다. il y a에 상응하는 독일어 es gibt에 내포되었다고 여겨지는 그 어떤 관대함도 1933년과 1945년 사이에는 나타나지 않

---

34   폴 리쾨르(Paul Ricoeur)는 "공동체적 영역으로의 무분별한 전이"와 "죽음을 향한 존재"라는 주제에서 시작하여, "모든 오용에 노출된 영웅적이고 비극적인 정치철학의 윤곽"을 포착한다. *Temps et récit*, 3, "Le temps raconté", Paris: Seuil, 1991, p. 138, note 1.

앗다. 그것은 반드시 존재해야만 했다! [⋯] 그저 있음의 이 끔찍한 중립성".[35] 다음으로 존재에서 존재자로 이행하는 운동, 그리고 존재자에서 타인으로 나아가는 운동이 있다. 결과적으로 시간이 '시간의 부재'인 고독을 벗어나 주체와 타인의 관계 자체로 고찰되는 차원에서 시간에 관한 새로운 사유가 나타난다. "그것[시간]은 모든 것이 취소 가능하고, 어떤 것도 최종적이지 않으며, 모든 것이 도래할 것인 존재 방식을 구조화한다. 여기서는 현재조차도 단순히 자기 자신과의 일치가 아니라, 여전히 임박함 자체다."[36] 레비나스는 1934년 루이 라벨의 『총체적 현전』(*La Présence totale*)에 관한 서평에서 현재의 복권만이 시간의 비극적 유희를 깨트릴 유일한 수단이라고 주장했다. 현재의 복권은 시작에 관한 사유와 더불어 일어난다.[37]

히틀러주의에 대한 반성이 결정적이었음이 분명한 도상(chemin)에서 얻은 여러 진전의 결과는 이렇게 표현될 수 있을 것이다. "시간은 인간 존재의 조건이지만, 무엇보다도 돌이킬 수 있는 것의 조건이다."

---

35 E. Levinas, *Difficile liberté*, *op. cit.*, p. 375.

36 *Ibid.*

37 J. Dewitte, "Instant, avenir et résurrection, la dialectique du temps chez le premier Levinas", in *L'Expirience du temps: Mélanges offerts à Jean Paumen*, Bruxelles: Ousia, 1989, pp. 175~198을 보라.

• 텍스트의 진행에서 두 가지 움직임을 주의 깊게 구별해야 한다. 하나는 생물학적 신체 경험에 부여된 특권의 강조이고, 다른 하나는 히틀러주의에 존재론적 차원을 부여하는 새로운 **기분**의 정의, 명명인데, 이것이 곧 **속박**이다. 레비나스는 단순하게 속박을 관찰하거나, 생물학적 신체의 우위에 따른 불가피하고 거의 자동적인 결과로 기재하는 데 그치지 않는다. 그는 그 이상의 것을 파악한다. 레비나스는 그것을 하나의 존재 방식, 새로운 사회의 가치, 인간 운명에 관한 하나의 개념으로 부각하여, 결국에는 속박의 진정한 수용, 심지어 그것을 찬미하기(glorification)라는 결론에까지 이른다. 여기서 수용은 실제로 강한 의미로 이해되어야 한다. 왜냐하면 이는 그것에 몰두하는 사람들의 진실성, 더 나아가 그들이 본래성에 도달할 가능한 접근에 연관되어 있기 때문이다. 요컨대 속박의 수용은 그들의 가장 깊고 참된 존재에 접근하는 일과 관련된다. 주목할 점은 이 속박의 가장 강력한 매력의 원천 중 하나가 자유와 진리 모두를 향유하는 근대사회의 유희적 특성을 거부하는 데 있다는 것이다. 속박을 수용한다는 것은 유희를 그만두는 것, 자신의 동일성과 동일성의 진리에다 자기 스스로를 속박하는 것, 역사와 존재의 진지함을 받아들이고 떠안는 것을 의미한다. 여기서 레비나스가 근대의 자유주의적·부르주아적 사회에 대해 비판을 제기하고 있음은 의심의 여지가 없다. 이 사회는 자유보다는 안전을 추구하면서 동시에 신념의 부재와 무책임으로 이루어진 유희

에 안주한다. 이런 의미에서 히틀러주의에 반동적 힘이 있을 수 있다. "바로 그런 상태에 있는 사회에, 인간에 대한 게르만적 이상이 진실성과 진정성의 약속과 더불어 나타나는 것이다"[21쪽]. 따라서 유럽 문명의 주요 방향과는 반대로, 속박은 가장 본래적인 존재 방식으로 드러난다. 여기에 독특한 역전이 있다. 전통적으로 사슬의 이미지는 자유의 상실, 노예화, 자아의 자율성에 대한 침해를 연상시키는 반면, 갑자기 관점의 전환이 일어나 자유의 문제는 외면되고, 아예 거짓 문제로 간주되며, 청산 대상이 된다. 그리고 사슬은 자기와의 일치, 마침내 되찾고 받아들인 동일성의, 비교할 수 없는 풍미를 지닌 진리의 상징이 된다. 이에 생물학적인 것의 복권과 속박에 관한 찬사가 교차하고, 하나의 문턱에서 다른 문턱으로의 끊임없는 이동이 이루어지는 새로운 영적인 것에 대한 정의가 나온다. "모든 숙명적인 것을 포함하는 생물학적인 것은 정신적 삶의 단순한 **대상** 그 이상이 되어, 그 삶의 핵심이 된다. [⋯] 정신의 모든 본질이 바로 이 신체에 대한 속박 속에 존재한다[19쪽]. [⋯] 인간의 본질은 더 이상 자유가 아니라 일종의 속박 속에 있다[20쪽]".

본래성(authenticité)에 대한 언급은 하이데거와 관련한 '해명'이 계속되고 있음을 충분히 보여 준다. 이를 통해 레비나스는 라 보에시[38]로부터 이어받은 스피노자의 물음을 다시

---

38 에티엔 드 라 보에시(Étienne de La Boétie, 1530~1563)는 16세기 프랑스

제기한다. "어찌하여 인간들은 마치 자신들의 구원에 관한 문제인 양 자신들의 예속을 위해 투쟁하는가?" 이는 20세기의 전체주의적 경험들에 의해 재활성화된 자발적 예속에 관한 물음으로, 레비나스는 자신만의 방식으로 자연스럽게 이를 재발견한다. 명시적으로 언급되지 않았지만 이 물음은 텍스트 전체를 관통한다. "어찌하여"라는 물음에 대해 『히틀러주의 철학에 대한 몇 가지 반성』은 다차원적으로 이해되는 속박으로 답한다. 속박으로서의 신체에 관한 이 새로운 경험, 특정한 신체 감각을 통해, 사람들은 본래성의 '매력', 더 나아가 새로운 형태의 동일성 또는 동일화의 매력에 굴복할 것이다. 신체에 대한 원초적 속박에 기반을 둔 히틀러주의는 자발적 예속의 주술에 걸린 세계에 속해 있다. 이를 알기 위해서는 그것이 기반을 두고 있는 사회적 유대 개념을 관찰하는 것만으로도 충분하다. 자유주의가 주장하는 자유의지들의 합의를 통해 형성되는 연결과는 거리가 멀게, 〔히틀러주의의〕 사회적인 것은 더 깊고 참된 것으로 체험되는 유대를 칭송하면서 형성된다. 〔즉 그들의〕 진정한 사회적 유대는 혈연 공동체의 유대이다.

이로부터 새로운 가치관에 따른 하나의 대안이 나타난

의 정치철학자다. 대표 저작은 『자발적 복종』이며, 사람들이 노예 상태에 처한 삶을 왜 스스로 칭송하는가 하는 문제를 심도 있게 다루었다. —옮긴이다. 한편으로는 '신체로부터의 해방'에서 비롯되는 사회질서의 거짓이 있고, 다른 한편으로는 신체에 대한 원초적 속박을 우선시하며 형성되는 사회의 진리가 있다. 이를 사회의 탈신체화 또는 사회의 신체화라고 번역할 수 있을 것이다. 여기서 레비나스의 해석은 클로드 르포르(Claude Lefort)가 전체주의의 내적 논리를 이해하기 위해 제안한 신체 이미지 가설과 비교해 볼 만하다.[39] 클로드 르포르의 저작에서 신체 이미지는 현대의 예속과 관련해 제기된 **어떻게**라는 물음에 대한 답변으로도 작용하는데, 이는 전체주의 사회가 스스로에 대해 만들어 내는 이미지이다. 이 이미지는 사회의 내적 분열이라는 것을 부정하면서—하나의 인민(le peuple-Un)—그리고 분할되지 않은 내부와 외부—악의적 타자—사이의 경계를 그으면서 이 사회가 스스로를 제도화하는 지도 원리의 형상화이다.

    상징적 구조와 감정 또는 경험을 혼동하지 않고, 한 해석을 다른 해석으로 환원하지 않으면서, 다음과 같은 물음을 던지는 가운데 양자를 연결해야 할 것이다. 신체에 대한 감정이야말로 전체주의적 사회질서를 하나이면서 분할되지 않는 사회의 형상으로, 곧 신체의 이미지를 따라 구상할 수 있는 것으로 만드는 것이 아닐까? 무엇보다도 이 두 해석은 현상학에 뿌리를 두고 있다는 공통점 외에도 전체주의에 대해 동

---

39   C. Lefort, "L'image du corps et le totalitarisme", in *L'invention démocratique*, Paris: Fayard, 1981, pp. 159~176.

일한 원리―몽테스키외가 탐구한 통치 원리의 의미에서―를 지시한다는 공통점을 가지는 것이 아닐까? 이 경우 그 원리는 **동일화의 원리**일 것이다. 즉 전체주의는 '동일성'으로, 곧 무차별성을 따라 작동하고 전개되는 사회형태라고 주장할 수 있을 것이다. 이는 르포르와 레비나스의 서로 다른 노선으로 나타나지만, 그럼에도 불구하고 서로 교차하거나 심지어 서로를 강화할 수 있는 방식으로 형성된다. 클로드 르포르에 의하면, 사회는 어떤 면에서 신체의 이미지에 의해 분비되고 폭주하는 동일성의 논리에 사로잡혀 있을 것이다. 레비나스에 의하면, 새로운 사회질서는 신체에 대한 근원적 속박을 주장하면 할수록 더욱더 [개인들을] 가두는 동일화 과정의 가치 부여와 심화 속에서 제도화될 것이다.

IV

『탈출에 관해서』를 읽은 후 우리는 다음과 같은 명제를 제시할 수 있다. 히틀러주의에 고유한 기분으로서의 속박은 **못 박힌 존재**의 형태로 공동존재의 방식을 "배치하고 조율하여 규정한다".

그러나 **못 박힌**이라는 용어는 히틀러주의에 관한 1934년 텍스트에서는 단 한 번, 가설적 명제의 형태로 나온다. "유럽의 인간 개념과 진정으로 대립하는 개념은 인간이 못 박혀 있는 상황이 단순히 인간에게 더해지는 것이 아니라, 그것이 그 존재의 근본 자체를 이룰 때 가능해질 것이다"〔16~17쪽〕. 그럼에도 불구하고 『히틀러주의 철학에 대한 몇 가지 반성』을 『탈출에 관해서』와 연관 짓는 것은 정당하다. 왜냐하면 후자에서 "못 박힌 존재"라는 개념이 진정한 해명의 대상이 되고 있으며, 이 두 텍스트가 밀접하고 가역적인 관계로 연결되어 있기 때문이다. 속박에 대한 반성이 탈출이라는 범주의 발전을 요구하지 않는가? 반대로, 벗어남이라는 범주는 속박의 현상을 다시 조명하지 않는가? 그러면 이 두 텍스트를 단순히 대조하고 이러한 비교의 이점을 캐내는 것으로 충분한가? 사실, 1934년 텍스트와 1935년 텍스트를 포괄하는 참된 이론적 성좌를 가정하는 것이 더 적절한 일이다. 마치 이 두 논고가 상호 조명을 넘어 서로를 보완하거나, 더 정확히 말하면 『탈출에 관해서』가 『히틀러주의에 대한 몇 가지 반성』을 완성하는 것처럼 말이다. 속박과 못 박혀 있음 사이의 명백한 관계로 인해, 『탈출에 관해서』는 현존재의 특정한 존재 방식에 대한 기술을 전개함으로써 어떤 면에서 히틀러주의 분석의 두 번째 부분을 구성하게 된다. 따라서 이는 해석자에게 이러한 새로운 분석을 국가사회주의의 지배하에 있는 독일 국민의 공동존재에 적용할 것을 요구한다.

 자세히 살펴보면 『히틀러주의 철학에 대한 몇 가지 반성』은 자유정신의 두 번째 오디세이아를 포함하고 있으며, 이번에는 신체를 고려한다. 유럽에서 자유정신은 시간의 폭정과 신체의 폭정이라는, 때로는 얽혀 있지만 구별될 만한 이 두 가지 폭정에 대항하여 형성되었을 것이다.

레비나스는 신체의 역설을 부각하기보다는 다음의 한 가지 전복을 기술한다. 그는 전통 철학에서 '영원한 이방인'이었던 신체, 극복해야 할 장애물이자 그리스도교와 자유주의에서 정신의 타자였던 신체가 어떻게 전혀 다른 양상으로 나타나 급기야 세계의 타자성을 극복하도록 하는 동일화 과정, 즉 그 가능한 장소와 순간들 중 하나가 되었는지를 보여 준다. 실제로 이는 급격한 뒤바뀜인데, 타자성의 영역으로 밀려났던 신체 ― "신체가 가지는 이 영원한 소외감" ― 가 이제는 타자성을 중지시키고, 심지어 그것을 지워 없애는 데 이바지하는 "동일자의 방식들"에 속하게 되었기 때문이다. 타자성이 "죽음의 숨결" 아래에서의 위험한 상황이나 고통 속에서 형언할 수 없는 동일성의 경험으로 전환된다. 따라서 이는 "수수께끼 같은 매개체"인 이방인의 변모인데, 이는 비교할 수 없는 동일성의 감각, 자아의 발현과 지성의 출현에 선행하는 최초의 긍정을 초래한다. 레비나스가 전통 철학의 열망이 담고 있는 고귀함을 인정하긴 하지만, 그렇다고 해서 다시 그 길로 들어설 수는 없는 노릇이다. 그런데 그가 구체성에 관심을 가졌다 하더라도, 동일성의 징후 아래에서의 이 새로운 신체 경험에 동의하지도 않을 것이다. 이러한 급격한 변화, 신체에 대한 찬미에서 우리는 가브리엘 마르셀(Gabriel Marcel)이 그의 육화 철학에서 같은 시기에 발전시킨 "**신체를 가짐**"과 "**신체가 되는 것**" 사이의 대립에서 비롯하는 정치적 유비―그리고 과도한 단순화―를 볼 수 있다. 그런데 이 두 현상 사이에 본질적이면서 환원 불가능한 하나의 틈이 있다. 철학적 무대의 차원에서는, 메를로-퐁티가 1936년에 가브리엘 마르셀의 『존재와 소유』를 논평하면서 다음과 같은 진술을 한 바 있다. "[…] 나의 신체가 바로 **나의** 신체라는 이 특이한 사실, 그것은 내게 하나의 대상으로, 조정하고 이해해야 할 성질과 성격의 집합으로 내게 나타나지 않는다. […] 나는 나의 신체와 공통 원인을 이루며, 어떤 방식으로든 나는 나의 신체이다." 나의 신체와의 관계를 넘어서, "그것은 오히려 하나의 현전, 밀착됨, 내밀함의 문제이다".[40] 가브리엘 마르셀과 현상학자들이 우리의 육적(charnelle) 조건을 재발견하고 그것에 정당성을 부여하는 데 주의를 기울이는 만큼, 그들은 자아와 신체의 이 동일성을 긍정적으로 만들거나 이 밀착됨을 순수하고 단순하게 찬미하는 것을 경계한다. 그들이 이를 가브리엘 마르셀의 용어로 신비의 측면으로 돌리든 수수께끼로 받아들이든 말이다. 이 새로운 사유의 뉘앙스와 복잡성에 민감하게 반응하는 메를로-퐁티가 강조하듯이 인간 조건을 가장 잘 정의하는 것은 "소유와 존재 사이의 이 움직임, 이 둘 사이다. […] 왜냐

---

40 M. Merleau-Ponty, "Être et Avoir", *La Vie intellectuelle*, octobre 1936, p. 100.

하면 만일 나의 신체가 하나의 대상 그 이상이라면, 나의 신체가 바로 나 자신이라고는 더 이상 말할 수 없기 때문이다. 나의 신체는 내가 존재하는 것과 내가 소유하는 것 사이의 경계에, 존재와 소유의 한계에 자리한다".[41]

정치적 무대의 차원에서는 뉘앙스에 대한 감각이 사라지고 복잡한 사고는 자취를 감추게 되는데, 그 자리를 차지하는 것은 이데올로기보다 더 강력한, 신비화되고 신비화하는 의식의 형태이다. 신체에의 밀착, 내밀함에 대한 감수성은 다음과 같은 한 가지 **사실**에 대한 확언이 되었다. 즉 그것은 생물학적이라고 여겨지는 만큼, 바로 그만큼 더욱 잔혹해진 단언적 사실로서, 자아와 신체 사이의 동일성 감각은 혈연으로 이어지는 유대로 축소되고 만다. 우리가 말했듯이 현대 철학적 영감과 그 정치적 유사체 사이에는 본질적인 괴리가 있는데, 이러한 괴리 속에서 구체성을 탐구하는 과정이, 문제의식과 불가분의 관계를 맺고 있음에도 불구하고, 다시 한번 존재의 야만화―또 다른 형태의 예속화―로 치닫는 현상을 관찰할 수 있다.

문제가 어찌 되었든, 레비나스는―그의 이후 작품들이 충분히 보여 주듯이―분명 육화(incarnation)라는 주제에 민감했지만, 이 시점에서 그는 신체를 애매성의 표지 아래에서 사유한다. 그는 신체를 그 자체로 제한하지 않고, 절대화하지

---

41   *Ibid.*, p. 102.

않으며, 그럼으로써 자유의 기회를 차단하지 않도록 주의를 기울인다. 신체는 단지 이 독특한 온기, 감각적 세계에 대한 개방성, 자아에 대한 그 현존의 환원 불가능한 근원성이기만 한 것이 아니다. 그것은 또한 불투명성, "우리 신체의 맹목적 메커니즘", 곧 헐벗음이기도 하다. 이는 확실히 자아에 대한 밀착이지만 피할 수 없는, 돌이킬 수 없는 밀착이며, 비극적 풍미를 띠는 확정적 결합, 간단히 말해 존재라는 사실의 잔혹함이다.

동일화의 과정은 자기와의 거리 두기와 자기로의 회귀라는 두 가지 판명하게 구분되는 계기를 포함하는 복잡한 운동이다. '나는 누구인가?' 또는 심지어 '나는 존재하는가?'라는 물음은 그 말 자체로 자아와 자기 사이에 거리를 만들어 내며 이 과정을 시작하고, 또한 오직 두 번째 단계에서만 자기로의 회귀가 이루어진다. 그런데 신체, 무엇보다 생물학적 신체와의 동일화―"신체에 대한 근원적 속박"―는 특별한 것으로 판명되는데 그것은 자기와의 거리를 포함하지 않으며, 자기와의 모든 거리를 거부하는 동시에 그 전체 과정이 잔인하게 단순화되고 단절되며, 더 나쁘게는 무시된다. 실제로 무엇에 동일시하는지 아는 것이 중요한데, 전통이나 문화에 동일시하는 것이 한 가지 사태이고, 혈연의 유대와 동일시하는 것은 그와 전혀 다른 사태이다. 어떠한 틈새, 거리 두기와는 반대로, 이런 식의 동일화 과정은 "피의 신비로운 목소리"(les mystérieuses voix du sang)와의 즉각적이고 완전한 일치를 향해 나아간다. 거리 두기도 없고, 회귀도 없다. 이제는 단지 자기 **에게로**(sur soi) 돌아서서 자기에게 몰입하고, 자기에게 가장 가깝게 '붙어 있는' 움직임을 통해 "유전 및 과거의 부름"에 응답하는 것만 관련하게 된다. 따라서 이러한 과정에서는 인식과 판단 작용을 가능하게 하는 명철함과 빛은 배제된다. 응답해야 하는 부름을 던지는 알 수 없는 힘은 더 이상 문제의 본질을 잃어버리게 되고, 그 힘은 그 앞에서 우리가 그저 포기하고 복종하는 불투명함 그 자체를 구성한다. 이는 동일화 —자기-자신이 되는 것—가 의식화라기보다는 원초적 속박의 수용임을 강조하고 있다. 이렇게 새로운 동일성의 형태가 나타나며, "자신의 신체에 속박된 인간은 자기 자신으로부터 도피할 수 있는 힘을 거부당하기에 이른다". 또는 자아와 신체 사이의 동일성 감정의 이러한 고양을 통해 **"가장 근본적이고, 가장 용서받을 수 없는 속박, 즉 자아가 자기 자신이라는 사실"**(『탈출에 관해서』, p. 73)이 영글게 된다. 이렇게 해서 이러한 동일성-속박을 통해 새로운 존재 방식, 즉 못 박힌 존재가 드러난다.

    우리는 이러한 형태의 동일화가 초래하는 재앙들을 잘 알고 있다. 그것은 '인종 청소'라는 비열한 형태로 아직도 우리 문 앞에 있다.

    신체의 문제를 통한 이와 같은 탐구에서, 두 가지 요소가 기억되어야 한다.

• 이러한 일차원적 동일성, 즉 신체를 존재로 환원하는 것, 다시 말해 존재와 소유 사이의 중간 지대―마르크 리시르가 말하는 "두 극 사이에서 움직이는 신체 경험"―를 지우는 것에서 존재자는 존재자로서의 역설적 경험을 알게 된다.[42] 실제로 본래성에 관한, 즉 자기에게 충실해지려는 염려는 신체를 모든 초과적 차원으로부터 단절하고, 오로지 자기 자신에게로 향하게 하며, 신체를 제한하는 효과를 초래한다. 이 제한은 곧 '나는 나의 신체이다'라고 단언하는 것이 두께의 결여라기보다 자아가 자기로 인해 '방해받는' 사태를 일으킬 정도로 신체를 제한하는 것이다. 이러한 역설은 존재자가 자신의 탈자적(extatique)[43] 성격이라는 구성적 개방성을 포기하고 닫힌 상태로 환원됨으로써 자신의 속성을 역전시키는 것으로 나타난다.

• "못 박힌 존재." 레비나스가 자신과 세계에 대한 특정한 관계를 기술하기 위해 정교하게 만들어 낸, 더 나아가

---

42 M. Richir, *Le Corps: essai sur l'intériorité*, Paris: Hatier, 1993, pp. 6~7.

43 이 말은 그리스어 ἔκστασις(엑스타시스)에서 유래했으며, '자기 바깥으로 나감', '자기 바깥으로 벗어남'을 의미한다. 이는 인간 존재가 자기 자신을 초월하여 항상 그리고 이미 세계에 참여하고 있다(하이데거)거나 인간 의식이 대자적 의식으로서 항상 그리고 이미 세계 가운데 있음(사르트르)을 뜻할 때 사용된다. 레비나스의 의도는, 잠시 후에 보겠지만, 이런 '탈자'보다 더 근원적이고 강한 벗어남인 '초탈'로서의 초월을 가리키는 것이다.―옮긴이

새로이 창조한 이 용어는 『탈출에 관해서』에서 찾아볼 수 있는 말이며, 히틀러주의에 관한 이 시론을 보완하는 것으로도 볼 수 있다. 이 새로운 분석은 마치 전체 민중을 못 박힌 존재로 환원하는—대규모 속박—상황의 존재론적 차원을 명확히 하고 규정하는 것으로도 간주할 수 있다. 이런 의미에서, 비록 존재를 숭배하는 문명들에게 보내는 일종의 경고가 나타나는 것만 제외하면, 『탈출에 관해서』에서는 집단적 차원이 거의 감지되지 않지만, 이 두 텍스트는 하나의 연속선상에서 독해되어야 한다. 왜냐하면 분명히 1935년의 성찰에서 히틀러주의에 관한 논고가 온전히 완성되고, 더욱이 이 반성은 현대적 감수성이 대항하는 동원과 반발에 대한 반성을 포함하고 있기 때문이다.

이 가설을 뒷받침하는 데 있어, 고통에 대한 분석이 두 텍스트 사이를 연결하는 가교로 작동한다. 히틀러주의에 관한 논고에서 레비나스는 자아와 신체 사이의 새로운 동일성 감각을 설명하기 위해 고통을 언급한다. "그리고 신체적 고통의 막다른 골목에서, 환자가 그나마 평온한 자세를 잡기 위해 그 고통의 침대에서 몸을 뒤척일 때 그는 자신의 존재로부터 분할할 수 없는 단순성을 느끼지 않는가?"[18쪽] 여기서 현상학적 분석은 고통의 본질—정신의 반발의 실패, 불가피한 유폐—을 드러내고, 환원 불가능한 근원성의 이름으로 신체와 자아의 이러한 순수한 밀착에 대한 가치 평가를 유보하는 입장을 표명하는 가운데, 이에 대해 제안되는 철학적 해석에 의심 그 이상의 것을 표출해야 한다. "신체적 고통 속에는 어떤 절대적 지점이 있을 것이다"〔19쪽〕. 존재의 불가분성에 대한 감정은 오히려 절망, "고통의 토대 자체"를 그 대가로 치르는 것이 아닐까?

    그런데 『탈출에 관해서』에서, 비판적 가설은 단언으로 변형된다. 레비나스가 처음으로 "못 박힌 존재"라는 용어를 사용한 것은 바로 고통(douleur), 더 정확히 말하면 괴로움(souffrance)과 관련해서이다. "삶의 사랑스러운 놀이는 그 놀이로서의 특징을 잃어버린다. 이는 삶의 놀이가 위협하는 괴로움이 그 놀이를 불쾌하게 만들어서가 아니라, 괴로움의 바탕이 그것을 중단시킬 수 없음이라는 불가능성과 못 박혀 있음이라는 날카로운 감정으로 이루어져 있기 때문이다"(『탈출에 관해서』, p. 70). 고통은 존재의 특수한 경험이다. 고통 **속에서의**, 고통으로 인한 유폐는 못 박힌 존재와 연관된다.

    그렇다면 이러한 사유의 '풍토'는 무엇이었을까? 이를 파악하기 위해, 1934년의 또 다른 텍스트인 루이 라벨의 『총체적 현전』에 관한 서평을 살펴보자. 레비나스가 나중에 이 시기를 회상하며 "존재의 피로"라고 부르는 것이 이 서평에서 가장 잘 드러난다. "전쟁과 그 이전의 어두운 예감들, 그리고 그 이후의 위기는 인간에게 주권적이고 냉정한 이성이 소진시키거나 만족시키지 못했던 존재에 대한 감정을 되돌려 주었다. 시간의 중요성과 시간의 한계 안에 갇힌 운명의 날카로운 맛을 고통스럽게 의식한 세대는 더 이상 이 존재의 **무게**나 **중력**을 무시할 수 없었다. 지성의 미묘한 숨결 아래 휘발되고 관계들의 유희 속에서 흩어지던 현실이 갑자기 단단한 덩어리로 뭉쳐 인간 앞에 우뚝 서게 되었다. 자아는 존재와 더불어 **설명해야 할** 의무, 자신을 존재에 묶는 연결고리를 명확히 해야 할 의무에 내몰리게 되었다. 자아는 자신이 끔찍하게 불충분하며, 인간의 학적 업적에 현혹된 관념론이 부드러운 짐으로 그 어깨에 지운 이 실재의 덩어리를 감당할 수 없음을 보게 되었다.

이것이 바로 우리가 목격하고 있는 존재론의 부활의 진정한 의미이다. [⋯] 이는 무엇보다도 **존재가 있다**(qu'il y a de l'être)는 환원 불가능한 감정에서 비롯된다. 다시 말해 존재는 사유하는 자아가 자신의 고유한 지지대가 아닌 가치와 **부피**를 가지고 있으며, 따라서 주체 개념만으로 존재를 설명하기에는 충분치가 않다."[44]

그러므로 우리는 탈출이라는 말을 가장 강한 의미로 이해해야 한다. 이는 레비나스가 나중에 강조적 독해(lecture emphatique)라고 부를 것을 어떤 면에서 실천하는 것으로, "한 관념에 대해서 그것을 최상급으로 [삼는 것], 그리고 그 강조 지점까지 나아가는 것"이다. 문학적 경향의 이러한 철학적 변

---

44   E. Levinas, "Compte rendu de Louis Lavelle, *La Présence totale*", *Recherches philosophiques*, t. IV, 1934, p. 393.

용은 시인의 꿈들, 낭만적 열망들, 경이로움의 추구나 신체적 예속에서 벗어나고자 하는 욕망을 훨씬 넘어선다. 징후들인 이러한 동기 뒤에서 우리는 더 깊고 더 본질적인, 바로 그 뿌리에 닿는 주제를 파악해야 한다. 우리가 다시 돌아올 한 문장에서, 레비나스는 과장과 더불어 그 간극을 파고든다. "왜냐하면 그것들(이러한 동기들)은 아직 존재 자체를 문제 삼지 않으며, 유한한 존재의 한계를 넘어서려는 욕구에 복종하기 때문이다. 그것들은 존재 그 자체가 아닌, 우리 존재의 특정한 **정의**에 대한 공포를 번역한다"(『탈출에 관해서』, p. 71). 탈출은 바로 이 존재 자체에 대한 공포와 관련이 있다.

당대의 최근 감수성에 대한 분석은 탈출 욕구의 역사적 특수성을 조명한다. 이 감수성은 역설적 상황에 놓여 있다. 그것은 존재론의 부활과 그 반대편 사이에서 갈라진 것처럼 보인다. 마치 존재론의 이러한 회귀의 기원이 되는 **존재가 있다**는 감정이 동시에 "우리 세대에서 비롯하는 존재의 철학에 대한 가장 근본적인 비난"을 낳는 것처럼 말이다(『탈출에 관해서』, p. 70). 새로운 문제들에 대한 응답일까? 근대성은 미성숙하여 불완전함을 겪는 자율성의 미완성이라기보다는, 해독하기가 더 어려운 전례 없는 과정의 구축으로 볼 수 있다. 이는 1930년 에른스트 융거(Ernst Jünger)의 말을 빌리자면 "총체적인", 보편적 동원의 형태로, 개인의 자유와 가능성에 어떤 여지도 남기지 않을 정도로 일어나는, 근대적 자율성의 타율성으로의 전환을 예고하는 것 같다. "보편적 질서의 파악 불가능한 톱니바퀴에 끼인 것은 더 이상 아직 그 자신에게 속하지 않은 개인이 아니라 자신이 정복한 견고한 터전 위에서, 동원—이 말이 가진 모든 의미에서—이 가능하다고 느끼는 자율적 인격이다"(『탈출에 관해서』, p. 70). 이 위협적인 동원이라는 지배 아래 당대의 감수성은 존재 속에 있는 "더 깊은 결함"을 인식한다.

따라서 우리는 이 성찰의 문제의식의 핵심으로 이끌리는데, 이는 끊임없이 다시 취해지고, 재확인되고, 재작업되는 대립 속에 있다. 한편으로는 단지 존재의 본성이나 속성들(완전 또는 불완전, 유한 또는 무한)에만 관계되는 존재의 한계들에 대한 경험이 있고, 다른 한편으로는 전혀 다른 차원의 경험, 즉 존재 자체의, 존재가 있다는 사실의 경험이 있으며, 바로 이 둘이 대립한다. 첫 번째 형태의 경험에는 존재의 한계들을 넘어서려는, 그것들을 초월하려는 고전적 욕구가 대응할 것이다. 두 번째에는 존재의 한계들을 초월하는 것이 아니라 존재로부터, 그것의 무게로부터 자유로워지는, 간단히 말해 그것으로부터 빠져나오려는 새로운 욕구가 대응할 것이다. 레비나스는 이러한 탈출의 욕구의 환원 불가능한 근원성을 나타내기 위해 신조어—**초탈**(excendance)의 욕구—를 만들어 낸다. 이렇게 해서 문학적 동기와 그것의 철학적 변용 사이의 대조가 분명하게 드러난다. 무엇으로부터 탈출하려는 것인가? 이는 존재의 한계가 아닌, 존재가 있다는 바로 그 사실로부터의 탈출이다. 왜냐하면 감금되게 하고, 유폐되게 한 것은 존재의 특성에 따른 한계가 아니라 존재 자체, 존재의 충만함이기 때문이다. 따라서 존재의 한계를 넘어 더 나은 존재 또는 그 한계의 영향에서 벗어날 수 있는 피난처를 향해 나아가는 것이 쟁점이 아니며, 존재에서 벗어나는 것이 목적이다. 이는 다른 곳, 다른 장소로 가기 위해서가 아니라 단지 목적의 무규정성에 자리를 내어 주고 무규정성을 따라 자유롭게 나아가게 하기 위한 것이다.

분명히, 이 두 경험의 형식 사이의 대립은 존재론적인 차이, 즉 존재자와 존재 사이의 구별, 오로지 "존재하는 것과 이 존재 자체 사이의 구별"의 표현이기 때문에 그 모든 의미와 힘을 갖게 된다.[45] 당대의 감수성이 포착할 수 있었던 더 깊은 결함은 존재자가 아닌 존재 자체에, 존재하는 것이 아닌 존재하는 것의 존재에 관한 것이다. 레비나스는 이 핵심적 실마리를 놓치지 않기 위해 적어도 세 차례를 이 문제로 되돌아온다.

• 첫 번째는 한계를 초월하고자 하는 욕구, 그 자체로 한계가 설정되어 있는 이 욕구가 존재가 아닌 존재자에 해당하는 것이라는 점을 강조할 때이다. "그럼에도 당대의 감수성은 아마도 처음으로 이러한 초월에 관한 관심을 포기

---

45   E. Levinas, *De l'existence à l'existant*, Paris: Vrin, 1981, p. 15〔에마뉘엘 레비나스, 『존재에서 존재자로』, 서동욱 옮김(서울: 민음사, 2003) ─ 옮긴이〕.

하는 것을 가리키는 문제들과 씨름하고 있다. 마치 이 감수성이 한계의 관념이 있는 것의 **존재**에는 적용될 수 없고, 오직 존재자의 **본성**에만 적용될 수 있다는 확신을 가진 것처럼 […]"(『탈출에 관해서』, p. 69).

• 두 번째는 존재의 성격들, 그 속성들이 존재 자체가 아닌 존재하는 것에만 해당한다고 명확하게 제시할 때다. "[…] 유한과 무한이라는 개념들은 오직 **존재하는 것**에만 적용될 수 있으며, 그 개념들이 존재하는 것의 **존재**에 귀속될 때 그 정확성을 결여한다. **존재하는 것**은 필연적으로 자신이 지배하는 가능성들의 다소간 큰 범위를 소유한다. 속성들은 다른 속성들과 관계를 맺을 수 있고 완전성의 이상을 따라 특정될 수 있다. 존재한다는 사실 자체는 오직 자기만을 스스로 지시한다. 그 사실 자체는 모든 힘들과 속성들이 정립되는 바로 그것이다"(『탈출에 관해서』, p. 75).

• 마지막으로 세 번째는 존재의 현전 자체를 우리에게 드러내는 구역질의 존재론적 차원을 주장할 때이다. "그런데 구역질은 자아가 자신의 상태 중 하나로서 인식하는 의식의 사실이 아닌가? 그것은 **존재** 자체인가 아니면 단지 하나의 **존재자**인가? 이렇게 묻는 것은 구역질을 구성하고 구역질 안에서 우리가 존재하는 존재자의 존재 자체의 성취로서의 구역질을 보게 해주는 그 **특유의**(sui generis) 함의를 망각하는 것이다. […] 이를 통해 구역질은 단지 절대적인 것으로서만이 아니라, 자기 자신을 정립하는 행위 자체로 정립된다. 그것은

존재의 긍정 자체이다"(『탈출에 관해서』, pp. 91~92).

여기서 당대의 모험의 전례 없는 특성이 (레비나스가 쓴 것처럼 "아마도 처음으로") 나온다. 그것은 이중적 운동에서 비롯된다. 한편으로 그것은 참된 계시의 지위를 획득하는 존재에 대한 새로운 경험이다. "**존재가 있다**-가치와 무게를 지닌 존재가 있다-는 기초적 진리는 그것의 잔혹성과 심각성을 측정하는 심연 속에서 드러난다. 〔…〕 따라서 이 모든 존재 경험에서 중요한 것은 우리 존재의 새로운 성격을 발견하는 것이 아니라 그 경험의 사실 자체, 즉 우리의 현전의 제거할 수 없음 자체이다"(『탈출에 관해서』, p. 70). 실제로 계시는 "존재와 존재가 함축하는, 모든 무게감 있는, 어떤 면에서는 결정적인 것에 대한 것이다"(『탈출에 관해서』, p. 71). 다른 한편으로 반항의 경험은 그것을 야기하는 존재 경험만큼이나 새로운 것이다. 이는 더 이상 자유에 여지를 남기고 자유가 자신을 드러내도록 허용했던 비-자아에 대한 자아의 반항이 아니라, 존재가 있다는 사실 자체에 대한, 그리고 이 존재가 더 이상 어떤 여지도 남기지 않는다는 것에 대한 반항이다. "어떤 것이 흘러가고 있다"라고 우리는 말할 수 있을 것이고, 우리는 이 어떤 것에 사로잡혀 있다. 동시에, 그 익명의 어떤 것에 맞서 올바름을 입증하고 거기에서 벗어나려는 반항이 발생한다. 그리고 레비나스는 탈출의 요구라는 철학적 특성을 강조하는데-"우리 존재의 근본 사건"(『탈출에 관해서』, p. 79)-이 성찰은 그것이 기술하는 반-존재론적 반항에 온전히 속해 있으며, 더 나아가 그 기술 자체를 통해 이 반항을 촉발하는 데 이바지한다. 우리는 이미 존재 자체에 대한 공포를 관찰했다. 마찬가지로, 특정한 욕구는 단순히 존재자의 한계를 초월하는 것에 만족하지 않고, 존재 자체, 즉 우리가 해방되고자 하는 바로 그 존재에 의문을 제기할 때까지 반항을 밀어붙이기에 이른다. 이는 환영(illusion)을 일으키고 곧바로 존재로 다시 추락하게 할 어떤 피난처에 멈춤으로써 탈출의 궤적을 끊어 내지 않으면서 벗어나는 것이다. 이러한 것이 탈출의 욕구가 지닌 근본 특징이다. 이는 거짓된 출구, 결국 존재의 손아귀에 다시 떨어지는 것으로 판명될 모든 것, 직접적으로든 간접적으로든 존재론으로 회귀하는 데 참여하는 모든 것에 관한 경계심이다. 여기에서 탈출의 욕구와 베르그손의 생명의 약동 사이의 명확한 구별이 드러난다. 이 약동이 창조의 의지, 갱신의 의지를 얼마나 갖고 있든, 고전적 존재의 경직성에서 얼마나 멀어지든 그것은 여전히 다시 존재로 떨어진다. 왜냐하면 "생성은 존재의 반대가 아니기" 때문이다(『탈출에 관해서』, p. 72). 문제는 어딘가로 가는 것이 아니라, 단지 벗어나는 것이다. 이러한 가장된 제약 아래 모든 것이 말해진다. "[…] 탈출 가운데서 우리는 오로지 벗어나는 것만을 열망한다. 갱신이나 창조에 동화될 수 없는 이 탈출이라는 범주는 그 순수성 안에서 포착되어야 한다. 이 독특한 논제는 존재에서 벗어나라고 우리에게 제안한다." 존재는 이제 "벗어나야 할 감금 상태"(『탈출에 관해서』, p. 73)로 나타난다.

탈출의 욕구가 지니는 이러한 철학적 특수성을 생각하기 위해 "존재의 근본 범주"(『탈출에 관해서』, p. 88)인 욕구 자체의 구조로 빠르게 돌아가 보자. 하나의 역동적 흐름이 욕구를 불편함(malaise)과 연결하고, 불편함을 탈출과 연결한다. 레비나스에 의하면, 우리는 결여나 박탈의 징후 아래에서 욕구를 생각하는 것을 멈춰야 한다. 존재에 대한 노스탤지어나 존재의 결여를 드러내는 것과는 거리가 멀게, 욕구는 존재의 충만함을 표현한다. "욕구에 스며들어 있는" 불편함 — 또 반대로 욕구는 "존재 자체의 불편함"으로 정의되지 않는가 — 은 욕구와 충족 사이의 불일치를 드러내며, 이는 욕구가 평화의 이상이나 안정된 상태에 만족하지 않음을 뜻한다. 왜냐하면 불편함은 "우리 존재의 토대에 있는 일종의 죽은 무게"를 벗어나야 하는 극적 경험이기 때문이다. 따라서 불편함은 이미 외부를 향한 움직임을 예시한다. "불편하다는 사실은 본질적으로 역동적이다. 그것은 그저 머무르기를 거부하는 것, 견딜 수 없는 상황에서 벗어나려는 노력으로 나타난다"(『탈출에 관해서』, p. 78). 벗어남, 무규정적 시도 — "그것은 어디로 가는지 모르는 채 벗어나려는 시도이다" — , 존재의 순수한 현존으로부터 스스로를 분리하는 탈출은, 그 충만함에도 불구하고 존재의 무능함이다. 이것이 욕구를 결여의 징후 아래에 다시 놓이게 하지는 않는다. 왜냐하면 이 충만함은 모든 힘을 가진 상태(보쉬에Bossuet, 존재의 충만함)로 이해되는 것이 아니라, 그 본래 의미에서 포만하여 무거움과 묵직함을 느끼게

하는 상태(위장의 충만함), 즉 제거해야 할 무능함을 구성하는 과잉-충만(trop-plein)으로 이해되기 때문이다. 거기에 존재의 불완전함이 있으며, 이는 한계가 아니라 정확히 욕구가 탈출하고자 하는 바로 그것이다. 따라서 탈출, 탈출의 욕구는 결여와 혼동해서는 안 되는 존재의 불충족성, "존재의 입지 속에 있는 불쾌하기 짝이 없는 모든 것"(『탈출에 관해서』, p. 95)에서 비롯된다. 처음부터 욕구는 어떤 것으로도 완화될 수 없는 불충족성, 존재의 불충족성을 따라 작동되고 있다. 욕구의 구조 자체에 움푹하게 자리한 초탈은 이러한 탈출의 욕구를 가장 잘 특징짓는다. 우리는 여기서 벗어남과 올라감(scando)의 이중적 운동을 인식할 수 있다. 이 벗어남은 무규정적인 것이지만, 그렇다고 방향이 없는 것은 아니다. 왜냐하면 그것은 위쪽을 향해 있기 때문이다. 이는 벗어남으로 말미암아 상승을 통해, 차원의 변화를 통해 달성된다. 초탈이라는 이름을 가진 이 상승은 무한에 관한 물음과의 마주함이 아닐까?

따라서 못 박힌 존재는 존재에 대한 새로운 경험인데, 이 경험에서 존재는 **현존재**에게 — 핵심적인 것으로서 — 벗어나야만 하는 감금 상태처럼 나타난다. 만일 우리의 독해 가설에 신뢰를 둔다면, 히틀러주의는 자아가 자기 자신에게 고착되어 있음으로서의 신체 감정에 부여하는 우위로 인해, 공동 존재의 측면에서, 그리고 어느 정도까지는, 못 박힌 존재로서의 이러한 새로운 존재 경험과 유사할 것이다.

수치심(honte)과 구역질(nausée), 이 두 가지 불편함은 이러한 경험을 가장 정확하게 설명할 수 있게 해준다.

먼저 수치심을 보자. 잘못 행한 자아와 자신을 동일시하지 않을 수 없게 만든다는 의미를 이미 내포하고 있는 도덕적 현상으로서의 수치심을 모르는 것은 아니지만, 그는 이를 처음부터 존재론적 관점에서 이해한다. 수치심은 단순히 의식의 상태가 아니라, 처음부터 존재 속에 새겨져 있는 것이다. 그것은 "우리 존재의 존재 자체"와 관련되며 "자기 자신과의 단절"이 불가능한 상태에서 형성된다(『탈출에 관해서』, p. 85). 수치심이라는 현상이 벌거벗음과 관련된다는 점에서 존재론적 차원은 더욱 강력해진다. 이는 타자들만이 아니라 자기 자신에게도 숨기고 싶은 부끄러운 벌거벗음이며, 신체와 분명한 연관이 있더라도 신체로 환원되지는 않는다. 그것은 "우리 존재 전체의 벌거벗음"이다. 왜냐하면 내밀함, 우리의 내밀함과의 관계를 통해 "수치스러운 것은 우리 자신에 대한 우리의 현전"이기 때문이다. "그것은 우리의 무가 아니라 우리 존재의 총체"를 드러낸다(『탈출에 관해서』, p. 87). 이러한 총체적인 존재론적 현상은 그것에 수반되는 감금 상태라는 함의들과 연관된 못 박힌 존재로서의 존재 경험이다. "숨기 위해 도주해야 할 필요성은 도주할 수 없음이라는 불가능성에 의해 좌절된다. 따라서 수치심 속에서 드러나는 것은 바로 자기 자신에게 못 박혀 있다는 사실, 자기 자신을 감추려고 도주하는 것이 이루어질 수 없다는 근본적 불가능성, 자기 자신에 대한 자아의 용서받을 수 없는 현전이다"(『탈출에 관해서』, p. 87).

구역질은 내면으로부터 올라온, 전반적인 감금 상태로서 나타나는 가장 전형적인 불편함이다. 수치심처럼 우리 자신에 대한 현전의 시련이지만, 어떤 면에서 그보다 더 강렬한 구역질은 "우리 자신에 대한 우리 자신의 불쾌하기 짝이 없는 현전"이지만, 이는 극복할 수 없는 것으로 나타난다. 구역질이 일어나는 상태는 외재성에서 정복하거나 극복해야 할 장애물이 아니다. 그것은 우리 자신에게 매우 강하게 고착되어 있어서 필연적으로 이 견딜 수 없는 상태를 벗어나려는 절망적 시도를 불러일으킨다. 불쾌하기 짝이 없는 현전이라는 점에서, 구역질은 수치심보다 아마도 더 분명하게 자기 자신에게 감금된 상태와 이러한 속박에 대한 거부라는 두 가지 모순된 상태를 포함한다. "구역질 속에는 그 안에 머물기를 거부하는 것, 그로부터 벗어나려는 노력이 있다. 그런데 이 노력은 이미 절망적인 것으로 특징지어져 있다. […] 그리고 이 절망, 못 박힌 존재라는 이 사실이 구역질의 이 모든 불안을 구성한다. 있는 그대로 존재하는 것의 불가능성인 구역질 속에서, 동시에 우리는 자기-자신에게 못 박혀 있으며, 숨 막히는 협소한 원 안에 갇혀 있다"(『탈출에 관해서』, p. 90). 이는 존재라는 사실의 잔혹성, **"순수한 존재 자체의 경험"**(『탈출에 관해서』, p. 90)의 드러남이다. 그런데 한계-상황의 역설, "더 이상 해볼 수 있는 것이 없고, 모든 것이 소진되었다"라는 것은 돌이킬 수 없다는 그 특성으로 인해 [거기서] 벗어나려는 저항할 수 없는 욕구를 낳는다. 구역질은 성격이나 속성들로 정의되기보다는, 독특한 연루됨의 형태로서 존재 자체와 일치하는 존재이다. 마치 존재의 총체성이 구역질 나는 상태에 잠식된 것처럼, 더 나쁘게는 구역질 나는 상태 자체인 것처럼 말이다. 우리는 그 안에서 "우리 자신인 존재자의 존재 자체의 성취"를 볼 수 있다. "왜냐하면 구역질과 우리 사이의 관계를 구성하는 것이 바로 구역질 자체이기 때문이다"(『탈출에 관해서』, p. 91). 따라서 우리는 못 박힌 존재 안에서 구역질의 특수성을, 일종의 단계적 상승이나 악화로서 발견할 수 있다. 이는 단순히 존재의 절대화가 아니라, 더 나아가 자기 자신을 정립하는 행위 자체다. "[…] 이는 존재의 긍정 자체이다. 그것은 오직 자기 자신만을 지시하며, 다른 것을 향한 어떤 창도 없이 다른 모든 것에 대해 닫혀 있다. 그것은 자신 안에 자신의 인력(attraction)의 중심을 지니고 있다"(『탈출에 관해서』, p. 92). 못 박힌 존재를 구성하고 나타내는 주요한 특색들, 곧 자기 자신과 단절하지 못하는 무능함, 도주 불가능성, 자기 스스로 도주하지 못함이라는 불가능성, 자기-자신에 붙들려 있음, 또는 우리 존재의 전체성에 도달하여 급기야 그것과 혼동될 정도의 불쾌하기 짝이 없는 현전을 넘어서, 우리는 이 두 경우 모두에서 이러한 존재론적 상황(존재하는 것의 존재가 걸려 있는 상황)이 매번 얼마나 **내적 이원론을** 따라 작동되고 있는지를 주목해야 한다. 수치심에서의 도주 불가능성은 오직 부끄러운 헐벗은 신체, 즉 드러난 존재를 숨기고 싶은 욕망 때문에 경험되며, 구역질에서는, 더욱 명확하게, "모든 것이 소진되었다"라는 극한 상황이 "벗어나는 일만 남은 최고의 순간"을 나타낸다(『탈출에 관해서』, p. 90). 적어도 연구된 두 가지 불편함의 사례에서, 못 박힌 존재의 지울 수 없는 두 측면, 곧 존재 경험과 존재 자체에 대한 반발의 경험은 불가분하게 연결되어 있다. 구역질에 대해 레비나스는 이를 다음과 같이 강조한다. "순수 존재의 경험은 동시에 그 내적인 적대의 경험이자 스스로에게 부과되는 탈출의 경험이다(『탈출에 관해서』, p. 90).

이 중요한 점이 강조된 만큼, 『탈출에 관해서』가 신체에 부여된 우위성에서 비롯하는 못 박힌 존재에 속박을 덧붙임으로써 히틀러주의에 대한 분석을 역으로 조명해 준다는 점에는 의심의 여지가 없다. 마치 이런 존재론적 배치가 그 현상의 의미를 완전히 드러낸다는 듯이 말이다. 히틀러주의에서 인간의 못 박힌 신체의 상황은 그 존재의 토대를 이룬다. 인간 존재는 못 박힌 존재다. 이러한 조명 덕분에 우리는 히틀러주의의 특징 몇 가지, 특히 자기 자신 외에는 어떤 것도 참조하지 않고, 신체 경험을 초월하며, 따라서 그 경험을 상대화할 수 있는 것에 관해서는 전혀 개방되지 않은 채로 자신을 긍정하는 존재의 절대화를 지각하게 된다. 신체, 신체에 대한 동일화, 그리고 신체를 통한 동일화는 존재의 극복할 수 없는 지평으로 체험되며, 자아와 신체 사이의 동일성 감정,

그리고 그 결과로 생기는 불가분성에서 우리는 수치심과 구역질의 불안을 형성하는 신체에의 밀착, 즉 속박을 인식한다. 이 점에서 구역질에 더 가까운 히틀러주의는 신체 경험을 다른 모든 차원과 분리된 절대적 높이까지 끌어올리는 데 만족하지 않는다. 본래성의 대체 불가능한 원천으로 나타나는 이 경험, 이러한 근본적 속박에 묶여, 히틀러주의는 역사 속에 자신을 위치시키는 행위를 그 자체로 전개한다. 히틀러주의의 존재는 동일한 결과들의 행렬과 나란히 놓이는 일련의 자기 정립들, 즉 자기지시(autoréférence), 외재성에 대한 폐쇄성, 타자성의 부정 속에서의 자기 구성을 동반한다. 속박을 떠맡음, 즉 속박 속의 속박이라는 형태 아래 자기로의 귀환에 사로잡힌 히틀러주의는 구역질처럼 그 자체로 자신으로 끌어당기는 중심점을 지니고 있다. 그것이 대학이든 다른 기관이든, **자기-확증**이 그 운명이 된다. 절대화와 자기 정립은 모두 못 박힌 존재, 배신과 타락에 대한 집착, 혈연 공동체의 인수와 인종주의, 주어진 것을 고수하는 것으로 이루어지는 진리 개념의 변형, 새로운 주인 공동체의 무한한 확장을 위한 기획으로 변형되는 보편성 개념에 상응하는 일련의 결과를 초래한다. 따라서 히틀러주의는 정치적 영역에서 수치심의, 그리고 특히 구역질의 유사물일 것이다. 무엇보다 고독 속에 있는 존재자에게 영향을 미치는 이 두 가지 불편함의 사례에서 보듯, 그것은 말하자면 못 박힌 존재의 현시인데, 다만 이는 그러한 존재의 '대규모' 현시이다.

우리는 어느 정도까지라는 말, 오직 어느 정도까지라는 말을 조심스럽게 덧붙였다. 사실, 못 박힌 존재라는 범주를 정치적 현상인 히틀러주의에 기계적으로 적용하는 것은 지나친 일일지 모른다. 그래서 좀 더 자세히 살펴볼 필요가 있다. 히틀러주의는 『탈출에 관해서』에서 탐구된 것과는 다른 형태의 못 박힌 존재를 보여 주는 것이 아닐까? 『탈출에 관해서』에 관한 독해를 통해 풍요로워지는 『히틀러주의 철학에 대한 몇 가지 반성』은 다시 또 1935년의 성찰을 풍요롭게 하지 않을까?

    민족의 수치심에 대해 말하는 것이 부당하다는 것은 아니다. 이미 1843년 마르크스는 아르놀트 루게(Arnold Ruge)에게 보낸 편지에서 프랑스혁명에 대한 증오와 애국주의에 뿌리박혀 수치심을 알지 못하게 된 독일 민족을 비난한 바 있다. "'수치심은 혁명을 일으키지 않는다.' 나는 이렇게 답할 것이다. 수치심은 이미 혁명이다. 우리의 수치심은 사실 1813년에 그것을 짓밟은 독일의 애국심에 대한 프랑스혁명의 승리이다. 수치심은 일종의 분노, 자기 자신에게로 되돌아온 분노다. 만일 한 민족 전체가 진정으로 자신을 부끄러워한다면, 그것은 뛰어오르기 전에 몸을 웅크리는 사자와 같을 것이다."[46] 1840년대의 독일 민족은 혁명의 필요성을 느끼지 못했

---

46   K. Marx, "Lettre à Ruge, mars 1843", in *Textes*(1842~1847), Spartacus,

기 때문에 수치심에 **미치지 못한** 채로 있었다.

따라서 문제는 다른 곳에 있다. '원초적 악'으로서의 히틀러주의는 불편함이 아니다. 히틀러주의의 지배 아래 있는 인민은, 거의 전부가 불편해하지 않으며, "자신의 피부 속에서 편안함"을 느끼고, 자기 피부에 달라붙어 있다. 히틀러주의는 단순한 속박이 아니라, 속박의 수용이며, **속박 속의 속박**이다. 게오르그 벤(Georg Benn)이 이와 관련하여 "숙명의 도취"를 말했던 것처럼, 마찬가지로 우리는 이를 못 박힌 존재의 도취로 정의할 수 있겠다. 존재론적 차원에서 파악된 히틀러주의는 못 박힌 존재의 내부를 끊임없이 작동시키는 내적 대립을 알지 못한다. 수치심은 도주하려는 욕망, 숨으려는 욕망인 바로 그만큼 도주할 수 없음이기도 하다. 구역질이 "모든 것이 소진되었다"라는 한계-상황을 시험하기 때문에, 우리 존재의 근본적 사건인 탈출이 발생하는 것이고, 또 발생할 수 있다. 이 정치적 현상은 가깝거나 멀거나 자아와 신체의 이원론과 관련한 모든 것을 체계적으로 무시하고 거부하는데, 이는 그것이 근원적 속박에, 우리 존재의 불가분한 단순성에, 또 모든 분열의 시험에서 벗어나 있을 신체에 구속되어 있기 때문이다. 따라서 히틀러주의는 수치심이나 구역질과는 달리 불편함이 아니다. 왜냐하면 그것은 불편함의 고유한 역동성, 즉 머무르기를 거부하고, 견딜 수 없는 상황에서 벗어

avril-mai 1970, pp. 35~36.

나려는 노력, 어디로 가는지도 모르는 채로 일단 벗어나려는 시도를 알지 못하기 때문이다. 따라서 히틀러주의는 못 박힌 존재로서의 존재 경험과 반항의 경험이라는 이중적 경험 속에서 형성되는 당대의 감수성에 참여하지 않는다. 이러한 감수성과는 반대로 그것은 충족성, 자기충족성인 자기-긍정을 실행한다. 탈출의 관념은 이런 것에게서는 생각할 수 없는 것이며 반항은 혐오스러운 것이다. 이는 하나의 문명, 또는 차라리 존재한다는 사실의 잔혹함 속에, 기정사실의 잔혹함 속에 자리 잡은 반문명(anticivilisation)이다. 바로 그렇다! 이로부터 『탈출에 관해서』에서 레비나스의 최종 경고가 제기된다. "존재를, 그것이 함축하는 비극적 절망과 그것이 정당화하는 범죄들을 수용하는 모든 문명은 야만이라는 이름을 받을 만하다"(『탈출에 관해서』, p. 98).

    히틀러주의는 못 박힌 존재로부터 오직 한 부분, 즉 거기 존재가 있다는 사실만을 보존했으며, 이 사실이 초래할 수 있는 벗어남의 필요성은 제거했다. 따라서 이러한, 어떤 면에서 훼손된 못 박힌 존재의 경험은 **이차적인 수준의 못 박힌 존재**로 귀결되는데, 이는 마치 히틀러주의가 못 박힌 존재를 관통하면서 그 내적 역동성, 즉 반항과 탈출을 향해 신호를 보내는 과정을 중단시키고, 그저 신체 감정의 형태로 존재한다는 사실의 잔혹함만을 보존한 것과 같다. 국가사회주의의 지배 아래 있는 독일 국민은 수치심을 **넘어선** 상태에 있는데, 이는 그들이 자신의 충족성, 곧 충족성의 가상에 안주하여,

탈출의 욕구에 접근할 수 없기 때문이다.

　여기서 우리는 다른 경로를 통해 이전에 다룬 동일화의 문제를 다시 만난다. 우리가 보여 주었듯이, 자기와의 거리 두기라는 계기가 결여되어 있고, 동일화가 생물학적 신체와의 즉각적이고 대대적인 일치로 축소되었기에 이는 단순화, **사각화**(scotomisation)였다. 이미 이 과정은 우리에게 자기**로의** 귀환으로, 자기에게 달라붙는 것으로, 혈연의 유대 속에 자신을 가두는 것으로 나타났다. 이제 못 박힌 존재의 훼손은 이러한 사각화를 더욱 강화할 뿐이다. 만약 우리가 존재의 절대화와 관련하여 레비나스가 제안한 동일성에 관한 기술을 다시 살펴본다면, 우리는 이 새로운 경험이 어떻게 동시에 존재의 확정적이고 철회 불가능한 모든 것을 포함하는 경험인지, **그리고** 정확히 이러한 존재의 용서 불가능성에 대항하는 반항의 경험인지를 이해하게 된다. 논리적 형식을 초월하는 이 동일성은 시간 안에서 전개될수록 더욱 강렬한 내적 틈을 따라 작동하게 되며, 이런 의미에서 이 작업은 드라마이다. "그런데 이러한 자기-자신에 대한 지시에서 인간은 일종의 이원성을 구별한다. 자기 자신과의 이 동일성은 […] 드라마적 형식을 […] 취한다"(『탈출에 관해서』, p. 73). 여기서 가장 근본적인 속박과 자기-자신에게서 벗어나고자 하는 욕구는 불가분하게 얽혀 있다. "자아의 동일성 속에서, 존재의 동일성은 그 속박의 본성을 드러낸다. 왜냐하면 존재의 동일성은 고통의 형태로 나타나고, 또 **그것은 탈출로 초대하기** 때문이다"(『탈출에 관해서』, p. 73). 히틀러주의는 두 번째 계기, 즉 탈출로의 유인을 무시한다. 마치 자아와 신체 사이의 동일성 감정이 속박과 그것에 대한 응답 사이에 끼어들어, 빠져나가고자 하는, 가장 근본적인 속박을 깨뜨리고자 하는 욕구라는 돌파구를 막아 버리고 진정한 봉쇄로 작용하는 것처럼 말이다. 존재와 소유 사이의 중간 지대가 지워짐으로써 존재로 환원된, 게다가 생물학적 존재로 환원된 신체는 동일화 과정의 이중적 단순화가 일어나는 장소다. 그 시작에서는 자기와의 거리의 소멸을 통해 단순화가 일어나고, 그 끝에서는 탈출의 봉쇄를 통해 단순화가 일어난다. 이런 동일성은 순수하게 생물-논리적인데, 속박의 매개체인 신체에 대해 말하자면, 그것은 사물들처럼 존재하며, 오직 자기-자신만을 지시하고 존재의 동일성만을 아는 채로 **그저 존재한다**(il est). 레비나스의 말로 표현하자면, "어느 누구도 그 절대적이고 확정적인 특성에 의문을 제기할 수 없을 것처럼 보이는 존재의 사실의 충족성에 관한 표현"(『탈출에 관해서』, p. 69)이다.

    마지막 우회와 마지막 물음이 있다. 레비나스는 어떻게 못 박힌 존재 개념을 만들어 냈는가? 『탈출에 관해서』의 서문에 나오는 자크 롤랑의 소중한 지적을 따르자면, 이 개념은 레비나스가 하이데거의 사유에 가한, 우리가 감지할 만한 굴절의 결과일 것이다. 『존재와 시간』의 저자에게 바쳐진 1932년의 연구에서부터, 레비나스가 상황들, 곧 가능성들에서 부과된 성격, 그리고 데레릭시옹(déréliction)이라는 말로 번역된 내던져진 존재(être jeté)의 숙명에 관해 강조했음에 주목해야 한다. "실존하는 현존재는 이미 그의 가능성들 한가운데 내던져져 있지, 그것들 앞에 놓여 있는 것이 아니다. 〔…〕하이데거는 내던져져 있음의 이 사실과 자신의 가능성들 한가운데서 몸부림치는 것, 그리고 그 속에 버려져 있음을 게보어펜하이트(Geworfenheit)〔이하 '내던져져 있음'으로 번역〕라는 용어로 고정시킨다. 우리는 이를 데레릭시옹(déréliction)〔이하 '내버려짐'으로 번역〕이라는 말로 번역할 것이다."[47] 레비나스는 내버려짐으로부터 인간 실존의 사실성, 또는 차라리 실효성이라 부를 수 있는 것을 부각한다. "내버려짐, 이 말은 부과된 가능성들에 내맡김을 뜻하는 매우 강력하고 극적인 의미에서 인간 실존에 사실적 성격을 부여한다. 그것은 자신의 실효성을 통해 바로 그러한 것으로 이해되는 사실이다. 〔…〕 세계 안에 내던져져 있음, 버려져 있음과 자기 자신에게 맡겨져 있음, 이것이 사실에 관한 존재론적 기술이다."[48] 내던져져 있음과 분리할 수 없는 기획투사(projet)의 실존을 과소평가하지 않으면서, 레비나스는 현존재의 자기 너머로 나아가는 경향이 내버려짐에서 해방되지 않은 채로 행사된다는 점을 조심스레 제시한다. "현존재는 부과된 상황을

---

47   E. Levinas, *En découvrant l'existence avec Husserl et Heidegger, op. cit.*, p. 68.

48   *Ibid.*, p. 69.

넘어서는 경향 안에서 존재한다. 현존재는 이미 자기 자신을 넘어서 있다. [⋯] 내던져져 있음 속에서, 그리고 내버려짐의 숙명으로부터 자유로워지지 않은 채로, 현존재는 이해를 통해 자기 자신을 넘어서 있다."[49] 이로부터 레비나스에게 있어 내던져져 있음과 기획투사의 이 불가분성 안에서, 내버려짐과 기획투사 사이의 항상-이미 거기 있는 갈등과 같은 것이 있다. "독일어 Geworfenheit-Entwurf[게보어펜하이트-엔트부르프]는 내버려짐과 기획투사의 대립을 잘 보여 준다."[50]

따라서 못 박힌 존재의 발생을 설명하기 위해, 우리는 자크 롤랑의 해석을 수용하고 재검토할 수 있는데, 이에 따르면 레비나스는 내버려짐의 계기와 기획투사의 계기 사이의 분리를 수행함으로써, 또는 차라리 마치 카메라가 어떤 이미지를 변형시키기 위해 어떤 장면에 멈추듯이, 내던져져 있음에 머무르고 천착함으로써 이 개념을 산출했을 것이다. "여기서 못 박혀 있음이라는 사실로 이해된 **내던져져 있음**에 관한 성찰에서 멈추는 것은 하이데거적 성찰에 고유한 운동의 멈춤으로 번역된다."[51] 이는 마치 기획투사, 즉 두 번째 계기를 제쳐 두려는 것처럼 보인다. 또 이러한 말이 있다. "레비

---

49 *Ibid.*

50 *Ibid.*

51 J. Rolland, "Sortir de l'Être par une nouvelle voie", in E. Levinas, *De l'évasion, op. cit.*, p. 21.

나스의 반성은 존재가 더 이상 자기에게 부과된 상황을 넘어서는 성향을 자신 안에서 발견하지 못하는, 즉 던져진 존재가 어떤 식으로든 스스로 기획투사할 모든 가능성을 마비시키는 상황을 탐색하고 기술하기 위해 **내던져져 있음**에 머무르는 것이라고 말할 수 있다."[52]

요컨대 못 박힌 존재는 내던져진 존재와 기획투사 사이의 분리의 결실일 것이다. 기획투사로부터 단절되어 분리된 내던져진 존재는 못 박힌 존재의 상황으로 귀결될 것이다. 마치 자신을 넘어서려는 성향 속에서, 자신의 전개 과정 속에 멈춰 버린 내던져진 존재가 ― "내버려짐의 숙명"이 우세해짐으로써 ― 못 박힌 존재로 응고되는 것처럼 말이다.

이 점에 대해 『히틀러주의 철학에 대한 몇 가지 반성』이 하나의 해명을, 나아가 하나의 가설을 제시할 수 있지 않을까? 히틀러주의를 신체에 대한 근원적 속박으로, 신체적 동일성의 감정으로, 부과된 상황들을 신체적 상황으로, 신체적 사실성으로 환원하는 것으로 기술한 것이, 이러한 못 박힌 존재에 대한 정교화에 이바지한 것은 아닌가? 이것은 매우 정확하게 말해, 내버려짐의 숙명이 스스로를 기획투사할 수 있는 모든 가능성을 마비시키는 상황이 되고, 또 이는 현재의 경우, 이 숙명이 생물학적 숙명으로 이해되기 때문에 더욱더 경직된 방식으로 그렇게 되는 것이 아닌가? 『탈출에 관해서』

---

52   *Ibid.*, p. 22.

에서 기술된 못 박힌 존재의 상황들에 대비해 보면, 히틀러주의는 우리에게 이차적 수준의 못 박힌 존재로 나타났다. 즉 내던져진 존재가 기획투사를 마비시킬 뿐 아니라, 더욱이 시련을 견딜 수 없는 상황에도 불구하고 못 박힌 존재가 탈출의 욕구를 알지도 느끼지도 못하는 상황으로 나타났다. 자크 롤랑의 해석을 따르자면, 이차적 수준의 못 박힌 존재, 히틀러주의에 대하여, 우리는 그것이 기획투사의 패배가 아니라 비기획투사, 심지어는 반기획투사라고 말할 수 있을 것이다. 왜냐하면 그것은 "현존재의 본질은 속박이다"라는 역설적 공식에 준거할 것이기 때문이다.

  탈출의 욕구를 따라 거주하지도, 작동하지도 않는 이 이차적 수준의 못 박힌 존재는, 반대로 레비나스의 눈에는 해결책이나 출구의 가치를 갖지 않는 것, 곧 죽음에 사로잡혀 있는 것이 아닌가? 이차적 수준의 못 박힌 존재인 히틀러주의는 탈출의 시뮬라크르, 곧 죽음—이후 레비나스의 정식을 따르자면 가능성의 불가능성—에 의해 관통되는 반기획투사일 것이다.

  이 과정에서 무엇을 알 수 있는가?
  우선, 히틀러주의에 대한 충격적인 기술을 살펴보자. 히틀러주의가 하나의 문명, 즉 유럽의 원리들 자체를 문제 삼으며 "인간의 인간성 자체"를 문제시한다고 말하는 것은 저널리스트의 선언도, 정치인의 선언도 아닌, 자유와 인간성이라는 이념을 기준으로 히틀러주의를 판단하는 철학자의 주장이다. 히틀러주의는 자유의 포기인데, 이는 그것이 이중의 폭정을, 즉 시간의 폭정과 신체의 폭정, 신체를 통한 시간의 폭정을 받아들이거나, 더 정확히는 그것에 기초하기 때문이다. 더욱이, 존재가 있다는 사실을 수용함으로써 히틀러주의는 존재를 넘어서려는 관념론의 전통적 열망과 존재 철학에 대한 동시대의 비난에 역행하는 역-반란(contre-révolte)의 형태를 취한다. 이런 의미에서 히틀러주의는 근본적으로 반근대적이라는 점이 드러난다. 인간이 자신을 옭아매는 규정들에서 벗어나는 것으로 이루어지는 근대적 자유와는 반대로, 인간의 인간성에 대한 근대적 개념—피히테에 따르면, 인간은 근원적으로 아무것도 아니다—과는 반대로, 히틀러주의는 인간에게 신체적·탄생적·생물학적 예속의 총체라는 무게를 지우는데, 이는 자신의 본래성을 획득하기 위해 떠맡아야 한다고 히틀러주의가 인간에게 명령하는 것이다.

어떻게(Comment)라는 물음에 답하는 신체의 요소에 주목할 줄 알았다는 것은 다음과 같은 세 번째 차원을 도입한다. 히틀러주의는 공동존재의 전례 없는 경험으로, 못 박힌 존재로, 빠져나올 필요가 없는 감금 상태로, 어떠한 균열도 이중성의 가동도 없는 잔혹한 대규모의 동일성이라는 이름으로 속박되어야 할 사슬로서 존재한다. 거의 전체가 대지에 뿌리박히고, 묶이고, 혈연의 끈(**피와 땅**Blut und Boden)에 붙들려 있는 한 민족이 된다. 이 근대의 자유와 인간성과는 정반대의 극단적인 상황으로, 마치 "계보학의 시대"(G. 벤)에 이르러, 인간이 포용과 배제의 이중적 움직임과 더불어, 자연적 규정들에 얽매이지 않고, 자연성에 못 박혀 있지 않은 인간의 고유한 성격들을 포기해 버리고 이렇게 함으로써 동물성으로 향하는 것과 같다. 이러한 관점에서 히틀러주의는 정치를 "예술작품으로서의 정치라는 산물"보다는 생물학, 즉 생명과 계보학의 논리로의 심연적 환원으로 본다고 할 수 있다.[53]

따라서 그 새로움에 있어 이러한 해석은 하이데거의 제자이자 역사학자-현상학자인 에른스트 놀테(Ernst Nolte)의, 훨씬 후대의 해석과 대조될 필요가 있다. 1963년의 놀테-여기서 우리의 관심사는 『파시즘의 시대』의 저자이지, 1986년 나치 범죄의 특수성을 부정하기까지 한 '역사가 논쟁'의 수정주의 선구자[54]가 아니다-에게서 "초정치적"(transpolitique) 차원에서 분석된 파시즘은 "실천적 초월에 대한 저항인 동시

---

53 Ph. Lacoue-Labarthe, J.-L. Nancy, *Le Mythe nazi*, La Tour-d'Aigues, Éditions de l'Aube, 1991, p. 49.

54 에른스트 놀테는 1980년대 중반 나치 범죄를 상대화하고 과거 독일의 국가사회주의가 구소련의 볼셰비즘에 대한 대응이었다는 식의 수정주의 역사관을 제시한다. 이는 수정주의 역사관에 반대하는 하버마스 등 독일 지식인들과의 격렬한 논쟁을 불러왔다. 물론 놀테가 홀로코스트 자체를 부정한 일각의 노선과 함께한 것은 아니다. 하지만 그의 입장은 홀로코스트 범죄와 그 영향을 희석시키는 효과를 낳았다는 비판에서 완전히 자유로울 수 없다. -옮긴이

에 이론적 초월에 대한 투쟁"을 표상할 것이다.[55] "초월"이라는 용어에 대해 놀테는 인간에게서 "현실을 초월하도록" 촉구하며 "인간 질서와 인간관계를 그 본질 자체에서 변화시킬 수 있는" 것이라고 지칭한다.[56] 즉 초월은 자기 자신 안에 폐쇄되는 단위로 환원되지 않고, 자기 자신 그 이상이 되며, 존재하는 것을 넘어설 수 있는 인간의 능력을 의미한다. 이론적 초월은 인간이 일상 세계의 한계로부터 자유로워지고 "세계의 전체성을 경험할 수 있는" 가능성을 획득하기 위해, 주어진 모든 것과 주어질 수 있는 모든 것을 사유를 통해 초월하는 것이다. 실천적 초월에 관해 말하자면 그것은 인간들 사이에 존재하는 관계들의 "지속적 확장"이라는 사회적 과정을 정의하는데, 이는 개인들을 전통적 유대와 자연적이고 역사적인 질서의 근원적 힘들로부터 해방하며, 인간 종의 통일성을 향해 나아갈 정도로 보편성을 지향하는 과정이다. 모든 보수주의와 마찬가지로 파시즘이 실천적 초월에 대한 저항 — 존재하는 것을 보존하려는 의지 — 이라면, 파시즘의 특수성은 그것이 또한 이론적 초월에 맞서 투쟁한다는 사실에서 발견

---

55 놀테와 역사가들의 논쟁에 관해서는 다음을 보라. J. Habermas, *Écrits politiques*, Paris: Cerf, 1990, p. 185. 또한 다음 책에서 르노(A. Renaut)가 쓴 서문(préface)을 보라. E. Nolte, *Les Mouvements fascistes*, Paris: Calmann-Lévy, 1991. 여기서 우리의 관심을 끄는 저작은 E. 놀테의 *Le Fascisme dans son époque*, t. III: *Le National-Socialisme*, Paris: Julliard, 1970.

56 *Ibid.*, p. 404, p. 486.

된다. 이는 파시즘이 존재하는 것을 넘어섬으로써 그것을 비판에 복속시킬 수 있고 이로써 근대사회에 고유한 불확실성을 증대할 수 있는 철학적 거리 두기의 모든 형태와 대립하기 때문이다.

하이데거적 범주들의 영향력을 쉽게 찾아볼 수 있는 놀테의 분석은 레비나스가 지닌 차별성과 그의 독창성을 가장 잘 파악할 수 있게 해 준다. 놀테의 철학적 기술이 존재 내부에 위치하며 "존재에 대한 근본적 애착"을 드러내는—저항은 자기 너머로 나아가는 현존재의 성향에 대한 저항이다—반면, 이제 『탈출에 관해서』와의 근접성을 따라 조명되는 레비나스의 기술은 반대로 존재로부터 벗어남과 관련된다. 수치심이나 구역질의 사례에서 못 박힌 존재가 내던져진 존재와 기획투사를 분리한 결과라면, 이차적 차원에서의 못 박힌 존재인 히틀러주의의 사례에서 그 분리는 완전히 다른 본성을 지닌다. 왜냐하면 그것은 못 박힌 존재와 반항의 경험 사이에서, 못 박힌 존재와 탈출의 욕구 사이에서 일어나기 때문이다. 따라서 히틀러주의는 이론적 초월과 실천적 초월에 대한 저항이라기보다는 존재의 경험이 초래하는 반항을 배제하는 것이면서, 초탈의 욕구에 대한 봉쇄인 것이다.

따라서 철학자로서 히틀러주의에 맞서 투쟁하는 것—이것이 레비나스의 의도다—은 근대사회의 이름으로 초월에 다시 자유로운 길을 내주기 위한 변론을 시행하는 것을 의미하지 않으며, 오히려 "존재의 무게와 그 보편성"을 두려움 없이 측정한 다음 탈출의 욕구, 초탈의 욕구를 여는 새로운 길을 구상하고, 초탈과 관련해 그 근원성과 "그것이 약속하는 행복과 인간 존엄성의 이상"(『탈출에 관해서』, p. 74)에 관해 탐문하는 것을 의미한다.

다음으로, 레비나스와 하이데거의 관계에 관해 유념할 것은 무엇인가? 히틀러주의에 대한 반성들을 더욱 잘 정립하기 위해 우리는 그것이 하이데거에 관한 해명의 시작이라고 말했으며, 이는 발신인에게로의 반송이라고 앞서 언급했다. 실제로는 하이데거가 단 한 번도 언급되지 않은 이 텍스트에서, 그것이 국가사회주의에 가담하고 1933년 4월부터 1934년 4월까지 프라이부르크대학교 총장직을 맡아 '획일화 작업'에 참여했던 그 사람에게 던지는 물음처럼 들리는 놀라움을 우리는 분명하게 감지할 수 있다. 이러한 물음의 의미는 이런 것일 테다. 만일 히틀러주의의 본질이 현상학적 해명으로 나타나는 바로 그것이라면, 당신은 어떻게 그런 짓을 할 수 있었는가? 이는 히틀러주의에 대한 분석의 중심에 신체의 감정을 위치시키는 사람에게서 비롯하는 정당한 놀라움이다. 왜냐하면 우리가 알듯이, 하이데거에게 있어 인간 신체는, 그것이 인간적인 것인 한에서, 생물학적 존재나 동물적 유기체로 환원될 수 없기 때문이다. 하지만 그렇다고 해서 신체가 실존 범주의 지위를 부여받는 것은 아니며, 이는 신체의 자율성의 결여, 우위성의 결여 때문이다. 신체는 항상 신체와는 다른 것, 즉 신체보다 더 복잡하고 더 근원적인 구조들 속에 포섭

되어 있다. 신체는 항상 이차적으로 온다. 따라서 우리는 신체를 그것에 선행하고 그것을 초과하는 것의 관점에서만 분석할 수 있다. 이처럼 세계-내-존재의 구조가 신체의 공간성에 대한 관계를 결정하는데, 신체의 공간성이 초월을 따라 거주하게 되고 작동될수록 그것은 덜 물질적이다. 동일한 분석이 지각에도 적용된다. 미셸 아르가 강조하듯이 감각 자료들을 외부 대상들에 직접적으로 관련시키는 능력은 "실제로는 세계-내-존재에 의존한다. 그것은 신체가 아니라 이해, 정서적 음조(tonalité affective, [기분]), 그리고 내던져진 존재의 열림의 방식에 의존한다".[57] "현존재는 이해하기 때문에 듣는다." 신체는 결코 그 직접성 속에 존재하지 않는다. 그것은 항상 이미 기분(Stimmung) 속에 "얽혀 있다". 신체가 정서적 음조 안에서 이해되고 그것에 의해 휘감아지는 지점에 이르기까지, 신체는 정서적 음조와 특이한 관계를 맺는다. "신체적 감성은 어떤 방식으로 기분 속에 사로잡혀 있다."[58] 마찬가지로 사실성—내던져져 있음 일반의 사실—을 신체의 차원으로만, 즉 신체가 그 자체로 지니고 있는 사실적 가능성으로만 환원하는 것은 완전히 잘못된 일일 것이다. 실존론적 분석에 따르면, 사실성은 고유한 신체를 훨씬 넘어서는 규정된 가

---

57   M. Haar, *Le Chant de la terre*, Paris: L'Herne, 1987, p. 83. 여기서 tonalité affective는 독일어 Stimmung의 프랑스어 번역어이다. —옮긴이

58   *Ibid.*, p. 88. 같은 저자의 *Heidegger et l'essence de l'homme*, Grenoble: J. Millon, 1990, p. 11.

능성들의 총체를 포괄한다. 게다가 하이데거가 탄생 ─ '다른 끝', '시작', '탄생' ─ 을 고려하기는 하지만, 미셸 아르가 우리에게 주목하도록 권하듯 하이데거는 탄생적 한계의 특수성을 지워 버리며, "탄생에 앞서는 측면", 즉 과거를 향하는 것, 부모의 기나긴 계보, 생물학적 유전을 자신의 분석에서 제외한다는 점을 관찰할 필요가 있다. "탄생의 이 다른 측면, 그 모호한 면 […] 우리 안의 생명의 원초성, 분석은 이러한 것들을 알아차리지조차 못한 채로 배제한다. 분석은 그것을 무시한다."[59]

또한, 하이데거가 신체에 부여한 이차적 위상, 신체를 배치하고 초과하는 것에 대한 그의 강조, 세계-내-존재, 기분에 대한 집착, 생물학적인 것과 불명확한 힘들에 대한 그의 무지, 생물학적인 것을 현존재에 종속한 것을 고려할 때, 레비나스가 던지는 물음의 정당성을 이해할 수 있다. 『존재와 시간』의 저자가 어떻게 해서 우리의 신체적 조건을 지나치게 단순화하여 영감을 끌어내는 움직임에, 사실성의 복잡성을 단순히 신체의 사실성으로 환원하는 움직임에, 더 나아가 사실성과 필연성을, 곧 본래성에 도달하기 위해 따라야 할 단순한 사실의 제약을 우리 신체에 대한 근원적 속박과 혼동해 버리는 움직임에 합류할 수 있었던 것일까? 히틀러주의에 대한 반성과 정확히 같은 시기에 쓰인 루이 라벨에 헌정한 글은 이

---

[59] M. Haar, *Heidegger et l'essence de l'homme, op. cit.*, p. 77.

물음에 대한 답을 제시하지 않는다. 그 글의 목적이 그런 것은 아니었던 것이다. 그것은 단지 "동시대 독일 철학자들"에 관한 해석의 살마리만을 소묘할 뿐이다. 이들은 엄밀함과 절망이 경쟁하는 유한성에 대한 사유를 발전시켰다고 인정받는다. "동시대 독일 철학자들은 인간의 유한한 특성을 극도로 강한 의미로 받아들이는 방식으로 인간과 존재 사이의 관계 문제에 답하려 한다. 유한한 존재인 인간은 절대적으로 제한되어 있다. 즉 고립되어 자기 자신에게 내맡겨져 있지만, 이 고립에서 벗어날 능력은 없다. 현재 속에서 인간은 이미 미래를 향해 기획투사 되어 있지만, 이 미래는 이미 죽음의 절망일 뿐이다."[60] 더 정확하게 말하자면, 동시대 독일 철학 내에서 레비나스는 『존재와 시간』의 저자에게 고유한 하나의 특성, 하나의 어조를 구분해 낸다. 그것은 "하이데거적 실존의 비극적 절망"이다.[61]

『탈출에 관해서』에서 레비나스는 물음에서 의심(doute)의 공식화로, 나아가 혐의(soupçon)의 정식화로 나아간다. 무한의 문제를 제기하지 못한 채 인간을 유한성 속에, 유한한 존재 속에 가두는 이 철학에 맞서, 레비나스는 하이데거에 대한 거의 노골적인 반대 속에서, 탈출의 욕구가 [우리를] 철학의 핵심으로 이끈다고 주장한다. 이는 여러 측면을 가진 핵심

---

60 E. Levinas, *Recherches philosophiques*, t. IV, 1934, p. 393.
61 *Ibid.*, p. 393.

이라고 할 수 있을 것인데, 왜냐하면 탈출의 철학이 지닌 비판의 사정거리가 여러 방향으로 전개될 수 있기 때문이다. 전통 철학에 대해 행사되는 레비나스의 비판이 있다. "그것〔탈출의 욕구〕은 존재로서의 존재라는 고대의 문제를 새롭게 할 수 있게 한다. 이 순수 존재의 구조는 무엇인가? 그것은 아리스토텔레스가 부여한 보편성을 가지고 있는가?"(『탈출에 관해서』, p. 74). 새로운 독일 철학과 의심할 여지 없이 그 가장 권위 있는 스승에 대한 비판은 이러하다. "존재는 일부 현대 철학자들이 주장하는 것처럼 우리 관심사의 토대이자 한계인가?"(『탈출에 관해서』, p. 74). 이처럼 존재 문제의 보편성에 의문을 제기하는 것은, 한편으로는 이러한 존재 사유를 보편성이라는 미명 아래 실제로는 역사적으로 특정된 한 문명에 귀속시키는 결과를 초래하는 것은 아닌가라는 의문이 제기된다. "오히려 그것은 존재의 기정사실에 안주하여 그것에서 벗어날 수 없는 특정 문명의 표식에 불과한 것은 아닐까?"(『탈출에 관해서』, p. 74). 이렇게 이견을 제시하는 것은, 그것이 열어 놓는 예기치 못한 지평들을 통해, 존재로부터의 벗어남이라는, 공통감각(sens commun)과 열방의 지혜라는 특정한 관념을 전복할 정도로 근원적인 새로운 길을 가리키는 것이 아닐까?

　1990년의 후기는 의혹을 훨씬 뛰어넘는 전환을 보여 준다. 이는 놀라운 일이 아닌데, 왜냐하면 세월이 흐르고 저서들이 쌓이면서 끊임없이 심화되고 강화되어 온 하이데거 비판의 종착점에 이르렀기 때문이다. 이미 1947년 『존재에서 존재자로』에서 레비나스는 자신의 많은 분석에 영감을 주었던 하이데거 철학과의 단절 의지를 분명히 표명했다. 그는 하이데거 이전의 철학으로 돌아가려 하는 것도 아니라고 하면서 "이 철학의 풍토를 떠나야 할 심원한 욕구"를 고백했다. 1951년에 나온 중요한 저술 「존재론은 근본적인가?」를 통해서도 확인되는 이 앞서 일어난 단절을 바탕으로, 1990년 히틀러주의에 대한 반성에 추가된 내용은 "하이데거가 어떻게 그럴 수 있었는가?"라는 상상하기 힘든 질문에 대한 열린 — 결정적이시노, 배타적이지도 않은 — 응답으로서의 가치를 지닌다. 신체에 관한 문제 제기를 거부하거나 망각하지 않으면서도, 이는 그것을 포괄하고 넘어서는 차원 속에 삽입하는 문제가 된다. 레비나스에게 나치의 야만(barbarie)의 근원은 이제 — 모든 우연성 또는 우발성과 거리를 두고 — "존재(être)에 대해 염려하는 존재(Être)의 존재론"과 관련된 "원초적 악의 본질적 가능성" 속에 있을 것이다. 즉 이는 여기서 상기되는 『존재와 시간』 41절의 정식, "현존재는 자신의 존재에 있어 자기 자신의 존재가 문제시되는 존재자이다"에서 나타나듯이 하이데거가 현존재에 대한 정의로 도입하는 염려의 통일적 구조와 관련한다. 주지하다시피 현존재는 그 존재 방식이 존재 이해인 존재자이다. 이러한 정의는 "이해와 존재 자체 사이의 긴밀하고 불가분한 연관성"을 상정하는 것으로 귀결된다.⁶² 따라서 레비나스에 따르면 "존재를 이해한다는 것이 존재한다는 것"이므로, 원초적 악의 본질적 가능성은 염려로서의 존재 이해와, 나아가 염려로서의 존재 자체와 관련될 것이다. 이러한 이유로 『탈출에 관해서』에서처럼 존재론적 차이를 작동시킴으로 말미암아 존재론적 차원이 의도적으로 강조된다. 1934년의 분석과는 달리, 히틀러주의는 더 이상 근원적 감정들―존재하는 영혼의 상태, 정서―의 표현으로 간주되지 않고, 원초적 악의 열매, 말하자면 존재하는 것의 존재에 속하고, 존재 자체에, 존재와의 연루됨 자체에 뿌리를 두고, 현존재의 염려의 구조 속에 드러나는 존재와 동일본질적인 악의 열매로 간주된다. 카트린 샬리에가 보여 준 것처럼, 레비나스는 철학적 전통과는 반대로 악을 존재의 결여나 결함으로 생각하지 않고 오히려 "두려움과 공포마저 불러일으키는 그 현전의 초과"로서 생각하기 때문에, 그의 눈에는 이 악은 더 원초적인 것으로 비친다.⁶³ 『탈출에 관해서』에서 그것이 잔혹성과 무게[짐]로서 사유되건, 『존재에서 존재자로』에서 심연과 혼돈으로서 사유되건, 존재는 존재의 악(l'être est le mal d'être)이다.⁶⁴ 따라서 존재 안에, 존재의 '요소' 안에 악이 함축되어 있음이 분명하다.

---

62   J. Greisch, *op. cit.*, p. 89.
63   C. Chalier, *Levinas l'utopie de l'Humain*, Paris: Albin Michel, 1993, p. 41.
64   E. Levinas, *De l'existence à l'existant, op. cit.*, p. 28.

이는 파악하기 힘든 물음에 대한 열린 응답인데, 왜냐하면 그것은 단순히 히틀러주의를 다른 방식으로 해명하는 것일 뿐 아니라, 하이데거의 나치즘 가담을 설명하지는 못하더라도 최소한 그것을 가능케 한 것으로 여겨지는 철학적 가교를 열어 밝히는 것에 관한 문제이기 때문이다. 자기의 선취의 구조를 지닌 염려로서의 존재 이해는 하이데거 철학과 나치즘 사이의 가능한 통로 중 하나일 것인데, 이는 하나의 과제로 부과되는 존재에 대한 이러한 염려가 곧 자기에 대한 염려이기 때문이다. 신체에 관한 문제 제기를 넘어, 레비나스는 더 심원하게 파고들어야 하는 것, 즉 신체에 대한 속박 아래에서 존재의 위상을, 존재 속 인간의 위상을 구별하도록 초대하는데, 이 위상이란 존재의 유한성 안에 감금된 상태―또는 감금 상태로서의 존재―이다. 이는 마치 존재에 대한 염려, 자기가 되어야 한다는 과제가 현존재의 지양할 수 없는 지평을 구성하는 것과 같다.

　사실상 관념론, 즉 관념의 종합 작업과 지배 의지에 더 가까운 것인 자유의 우위성을 둘러싼 논쟁을 넘어서, 하이데거 철학의 깊은 풍토를 떠난다는 것은 존재에 대한 집착, 곧 존재론의 우위성에 의문을 제기하는 것을 의미한다. 이는 또한 존재 저편의, 이해에 선행하는 관계를 지각하는 것을 배우는 것이며, 이러한 관계를 통해 존재에 대한 염려를 다른 인간에 대한 염려로 대체할 수 있게 하는 것이다.

마지막으로, 레비나스 그 자신과 관련지어 볼 때 이 텍스트로부터 어떤 교훈을 끌어낼 수 있는가? 우리는 『탈출에 관해서』를 통해 히틀러주의에 대한 반성을 역으로 조명하고자 시도했다. 그런데 1935년의 성찰 속에 당시의 정치적 상황에 대한 어떠한 명시적 언급도 나오지 않는다 하더라도 역방향으로 들어가 히틀러주의에 대한 반성을 통해 『탈출에 관해서』를 조명하는 것 역시 정당하지 않을까? 1933년의 사건, 국가사회주의가 도입한 단절, 그리고 레비나스가 이것에 대해 제시한 전례 없는 해석이, 부분적으로나마 1935년의 철학적 몸짓의 급진적 표지, 즉 존재의 특권과의 단절, 존재로부터의 탈출과 초탈의 욕구라는 표지 아래 새로운 길을 여는 것을 촉발한 게 아닐까? 마치 신체에 대한 근원적 속박으로 인한 질식이 갑자기 "존재에 대한 피로"로 변형됨과 동시에 탈출의 욕구를 낳은 것처럼 말이다.

레비나스의 저작을 히틀러주의에 대한 응답으로 제시하는 것이 부조리하고 부당한 반면, 그의 철학에 영향을 미친 거의 최초에 해당하는 트라우마를 신중히 가늠하고 그 정도를 헤아리는 것은 정당해 보인다. 즉 이는 그 트라우마가 어떻게 "존재에 대한 공포"를 유발할 만한 존재의 구조들을 드러냈는지, 이러한 드러냄이 어떻게 존재 경험에 대한 반항을 일깨웠는지, 이러한 반-존재론적 반항이 어떻게 탈출의 철학으로 가는 길을 열었는지를 살펴보는 것이다.

어떤 식으로건 하나의 성좌를 이루는 1934~1935년의 텍스트들과 더불어 레비나스의 궤도에 진정한 **전환**이 시작된다. 이 특별한 순간에 레비나스는 현상학에 대한 초기의 선구적이고 학문적인 설명에서 벗어나 당대 현상학의 사실적 상황과 그 애매성에 의문을 제기하고, 전환의 움직임 속에서 그 스스로 마주하게 될 풍경의 거대한 면모를 발견한다. 다만 이러한 풍경을 서술하는 것은 우리의 목적이 아니다. 1990년 후기와 거의 같은 시기에 쓰인 레비나스의 후반기 텍스트 『제일철학으로서의 윤리학』으로 눈을 돌려, 이 텍스트에서 그 풍경의 면모들을 인지하고, 이러한 큰 방향들 각각이 히틀러주의라는 시련이 드러낸 것과 어떤 복잡한 관계를 맺고 있는지, 그리고 우리가 1934년의 반성에 관한 분석에서 마주친 것과 어떤 관계를 맺고 있는지를 이해하는 것으로 충분하다.

존재에 대한 낯섦과 존재론 우위성에 대한 이의 제기라는 나침반을 따라 설정되는 다음 세 가지의 주요 방향이 있다.

• 동일성에 대한 집착과 이 집착이 야기했으며 계속해서 야기하고 있는 동일성의 광기, 주권성의 망상들에 맞서, 동일성과 동일화 과정에 대한 문제 제기가 이루어진다. 선반성적이고 선-지향적인 의식에 주의를 기울이는 것ㅡ이는 의식화로 완성되도록 예정된 것이 아니다ㅡ은 『타인의 인간주의』에서 말하는 "비-본질의 영광"을, 다른 동일성의 체제를, 혹은 차라리 불가능한 동일성을, 또는 분리의 기호 아래 있는

낯선 동일성을 출현하게 한다. "나와 자기 사이에 벌어진 차이, 동일자의 불-일-치(non-coïn-cidence)는 인간들에 대해 근본적으로 무관심할 수 없음이다."[65] 이는 마치 모든 동일화 과정이 함축하는 자기로부터의 거리를 회복하는 것일 뿐 아니라, 자기로의 귀환을 끝없이 연장하여 불-일-치를 유지하려 하는 것과 같다. 여기서 불-일-치는 결함이 아니라 동일성의 다른 체제로의 발명적 개방성과 같은 것이다. "자기로의 귀환은 끝없는 우회가 된다."[66] "동일성 없는", "세계 속 기반이 없는" 것의 선택은 레비나스로 하여금 불안정한 의식이라는 전례 없는 새로운 형태를 규명하도록 이끈다. "비-지향적인 것이 연루된 것이 바로 불안정한 의식이다. 지향들 없이, 목표들 없이, 세계의 거울 속에 자신을 관조하면서 안심하고 자리 잡는 페르소나라는 자신을 보호하는 가면도 없이. 이름 없이, 상황 없이, 직함도 없이. 현전을 두려워하는 현전, 동일한 자아의 고집을 두려워하는, 모든 속성으로부터 헐벗은 현전. 불안정한 의식의 비-지향성 속에서, 모든 의지의 이편에서, 모든 과오 이전에, 비-지향적 동일화 속에서, 동일성은 자기 긍정 앞에서 후퇴하고, 동일화라는 자기로의 귀환이 함축할 수 있는 고집스러움 앞에서 불안해한다. […] 정신적인

---

65 E. Levinas, "L'étrangeté à l'être", in *Humanisme de l'autre homme*, Montpellier: Fata Morgana, 1972, p. 97.

66 *Ibid.*, p. 97.

것의 내면성은 아마도 근원적으로 바로 이것일 터인데, 존재 속에서 혹은 자신의 살 속에서 혹은 자신의 피부 속에서 자신을 긍정할 용기의 결여가 바로 그것이다."[67]

• 무국적자로서 우리의 조건—비조건—에 대한 강조함으로써, 존재론의 우위성에 대한 비판을 훌쩍 넘어서는 세계와 관련된 존재 양식에 대한 탐구가 전개되는데, 이는 그러한 우위성이 기반으로 삼는 것 자체를 문제 삼기 때문에 펼쳐지는 것이다. 이는 하이데거의 "올바른 출발점"인 세계-내-존재를 어떤 면에서 더 적절하다고 판단되는 다른 출발점, 즉 세계에 내한 낯섦[이질성](étrangeté)으로 대체하는 문제다. 거주의 시대가 지나갔다고 보는 테오도르 아도르노(Theodor Adorno)처럼, 레비나스는 "그 누구도 자기 집에 있지 않다"리고 선언한다. 모든 친밀성과 내밀함으로부터, 정착과 충족이 제공하는 안식으로부터 멀리 떨어져, "이집트 땅의 이방인들과 노예들"을 상기시키면서, 인류를 더 가깝게 만들 수 있는 더 심원한 다른 구조—문제시되는 존재—를 재발견하는 것이 중요하다. 존재론적으로 염려(souci)로서 이해된 현존재에, 타인을 향한 두려움으로서 윤리적으로 구성된 존재자가 대립한다. 이미 『탈출에 관해서』에서 자기의 앞질러 나아감[선취]이 존재를 버리기는커녕 오히려 그것을 강화한다는 점

---

67 E. Levinas, "Éthique comme philosophie première", *Le Nouveau Commerce*, n°s 84~85, automne-hiver 1992, pp. 13~14.

에서 염려에 대한 비판이 감지될 수 있다. "미래를 향하는 경향, 약동 속에 담긴 '자기-의-앞에'는 하나의 경로에 헌신하는 존재를 표기한다"(『탈출에 관해서』, p. 72). 세계에 대한 이 방성은 이중적 의미, 한편으로 세계-내-존재에 대한 문제 제기로서 **물음 속의 존재로**, 다른 한편으로 자신의 존재할 권리에 답하기를 요구받는 인간, 즉 **물음에 처한 존재**로서 이해된다. "나의 세계-내-존재 또는 나의 '태양 아래 자리', 곧 나의 집이란, 이미 나로 인해 억압받거나 굶주리게 되어 제3세계로 추방된 타인에게 속했던 장소들을 찬탈한 것이 아닌가 말이다. 밀어내기, 배제하기, 추방하기, 빼앗기, 죽이기 […] 나의 존재함이 모든 폭력과 살해를 실행할 수 있다는 것에 대한 두려움 […] 나의 현존재(Dasein)의 거기(Da) 속에서 누군가의 자리를 점령하는 것에 대한 두려움, 장소를 가질 수 없음이 곧 심원한 유토피아다. 타인의 얼굴로부터 나에게 도래하는 두려움."[68]

여기서 우리는 철학적 횡단을 통해 풍요로워진, "존재 저편"에서, 세계에 갇혀 세계를 떠날 수 없는 이교주의와 세계에서 확정적 기반을 갖지 않는, 탁월한 반이교주의인 유대교 사이의 출발점의 대립을 다시 발견한다. 이 대조는 하이데거와의 대립, 그리고 하이데거주의자들에, 그리고 이교주의

68　*Ibid.*, p. 15.

에 매혹적인 모든 것, 즉 존재에 대한, 세계에 대한, 곧바로 "인류를 토착민과 이방인으로 분열시키는"[69] 장소에 대한 애착에 대한 대립과 교차한다는 점에서 더욱 의미심장하다.

• 끝으로, 『존재와 달리 또는 존재성을 넘어』로 눈을 돌리면, 신체에 관한 플라톤의 폄훼와 동일성 감각에 관한 야만적 찬양 모두로부터 동등하게 거리를 두는, 우리의 신체적 조건의 구체적 내용에 대한 현상학적 충실성 속에서 또 다르게 사유되는 신체가 그 모습을 드러낸다. 레비나스는 육화된 주체가 생물학적 개념이 아니라고 주장한다. 이는 그가 생물학적인 것이 종속되는 더 높은 구조를 드러내고자 하기 때문이다. 이때 신체는—더 이상 못 박힌 존재가 아니며, "자기 피부 속에 안주하는" 수준까지 이르는 속박의 수용도 아닌—노출된 존재, 자신의 피부 속에서의 불편함(mal-être dans sa peau)이며, 상처 입을 가능성, 곧 존재 속에서의 보존을 넘어선, 타인의 부름과 고통에 예민해지게 되는 상처 입을 가능성의 시련이다. "신체는 영혼에 대립하는 장애물도 아니고, 영혼을 가두는 무덤도 아니며, 자아가 바로 그 감수성 자체가 되는 것이다. '육화'의 극단적 수동성-질병, 고통, 죽음에 노출되어 있다는 것은 연민(compassion)에 노출되어 있다는 것이며, 자

---

69   E. Levinas, "Heidegger, Gagarine et nous", in *Difficile Liberté, op. cit.*, p. 301.

기가 대가를 치름이라는 선물에 노출되어 있다는 것이다."[70]

아마도 히틀러주의에 대한 이러한 반성들에서 우리는 근대성 전반에 걸쳐 적용될 수 있는 숨겨진 교훈을 듣는 법을 배워야 할 것이다. 이 교훈은 구체적인 것을 가시적인 것이나 경험적인 것으로 환원하는 위험에 주목하는 현상학자로부터 나온다는 점에서 더욱더 불안을 자아내는데, 이런 두 가지 환원은 모두 존재하는 것의 절대화를 수반한다. 그러면 어떻게 하여 구체적인 것에 대한 탐구, 구체성이 "우리의 신체적·기술적·사회적·정치적 실존의 모든 구체적 두께가 지닌 초월적 기능"을 알아차리지 못하여 끊임없이 존재의 야만화로 표류할 위협에 처하게 되는 것일까?[71]

---

70   E. Levinas, *Autrement qu'être ou au-delà de l'essence, op. cit.*, p. 139, note 12.

71   E. Levinas, *Humanisme de l'autre homme, op. cit.*, p. 32.

옮긴이 해제

전체주의의 폭력을 끊임없이 경계한 철학자의 첫 번째 철학적 성찰

김동규

이 책은 에마뉘엘 레비나스의 *Quelques réflexions sur la philosophie de l'hitlérisme*을 번역한 것이다. 이 글은 1932년 에마뉘엘 무니에가 창간한, 가톨릭적 인간주의를 기반으로 삼는 진보적 성향의 전위적 평론지 『에스프리』에 실린 정치적-철학적 시론이다. 최초 출간 시기가 1934년이라는 점에 주목하면 이 책의 독특성이 잘 와 닿을 것이다. 즉 히틀러가 국가권력을 거의 장악하긴 했으나 아직 그 야욕이 만천하에 완연하게 드러나지는 않은 시점에 해당 시론이 나왔다는 것은 청년 레비나스가 사회와 정치에 관한 날카로운 인식과 정치적 선견지명을 보유하고 있었음을 암시한다. 말하자면 이 글은 전체주의의 폭력을 끊임없이 경계한 한 철학자가 처음으로 자신의 생각을 세상에 피력한 철학적 시론이다. 후설에 관해 쓴 그의 박사학위 논문이 첫 번째 학술적 결실이었다면, 이 글은 자신의 독창적인 철학적 성찰을 담은 첫 번째 시론이었다는 점에서 특별하다.

    이 글은 그동안 여러 형태로 간행되었으나, 내가 번역에 사용한 텍스트 *Quelques réflexions sur la philosophie de l'hitlérisme*(Paris: Éditions Payot & Rivages, 1997; 2018)은 가장 최근 판본으로 파리 디드로대학교에 재직했던 정치철학자 미겔 아방수르의 깊이 있는 해설이 수록되어 있다. 또한 이 텍스트에는 1990년 출간된 『히틀러주의 철학에 대한 몇 가지 반성』의 영어 번역본에 첨가된 레비나스의 후기도 포함되어 있다는 점에서도 유의미하다.

미겔 아방수르의 탁월한 해설이 수록되어 있는데도 불구하고 옮긴이가 또 하나의 길잡이를 덧붙일 필요가 있을까? 하지만 일부 독자에게는 아방수르의 해설 역시 난해하게 여겨질 수 있다고 판단했다. 그래서 나는 아방수르의 해설과는 다른 관점에서, 이 텍스트 자체에 초점을 맞춘 해설을 독자들에게 제시하고자 한다. 아방수르의 글은 존재를 벗어남이라는 철학적 기획을 본격적으로 도입한 첫 번째 철학적 논고인 『탈출에 관해서』(1935)와 1934년 텍스트의 연관성을 강조하면서, 『히틀러주의 철학에 대한 몇 가지 반성』을 레비나스가 하이데거에게 보내는 일종의 미러링으로 읽어 낸다. 반면 나의 해설은 아방수르의 관점과의 중복을 피하고 텍스트 자체의 특성을 살리기 위해 이 글이 지닌 암시적 형태의 정치신학 비판의 성격을 드러내고자 했다.

이에 본 해설이 독자들에게 레비나스의 이 최초의 정치철학적 시론에 대한 또 다른 시각을 열어 줄 수 있으면 좋겠다. 더 나아가 이 해설을 통해 독자들이 해당 텍스트를 좀더 쉽게 읽을 수 있기를 기대한다.[1]

---

1 이제부터 본격적으로 전개되는 해설은 다음 논고를 수정, 보완한 것이다. 김동규, 「레비나스의 (암시적) 정치신학 비판: 『히틀러주의 철학에 대한 몇 가지 반성』에 관한 한 독해」, 『人文學硏究』, 제42집, 2024년 12월, 243~264쪽. 『히틀러주의 철학에 대한 몇 가지 반성』을 인용할 시에는 이 번역서의 쪽수를 본문에 표기했다.

들어가며: 1930년대에 집중하기

여러모로 중요한 함의를 담은 글임에도 불구하고, 아직껏 국내에서는 『히틀러주의 철학에 대한 몇 가지 반성』에 대한 번역은 물론이고, 이 글에 대한 심층적 분석과 해명이 나오지 않았던 게 사실이다.[2] 이에 이 해설에서는 『히틀러주의 철학에 대한 몇 가지 반성』이라는 짧은 글을 충분히 인용하고, 가능한 한 꼼꼼한 독해를 기반으로 삼아 레비나스가 이해하는 바, 소위 히틀러주의로 대변되는 전체주의의 본질이 무엇인지, 그리고 이에 대한 그의 비판의 요지가 어떤 것이었는지를 두루 살필 것이다. 이 해명을 충실하게 실현하기 위해 이 1934년 텍스트를 해석한 다른 (국외의) 여러 논고를 참조할 것이다. 아울러 레비나스의 히틀러주의 비판의 핵심 요지를 정치신학에 대한 암시적 비판으로 주제화하고자 한다.

정치신학에는 여러 가지 정의와 의미가 있겠으나 여기서 정치신학의 의미는 세속화된 신학 개념으로서의 정치, 또는 나중에 거론하겠지만, (레비나스적 의미로는) 이교도적 의미의 정치 개념, 다시 말해 신학 개념을 세속화하여 활용한

---

[2] 예외적으로 다음 논고가 레비나스의 1934년 텍스트를 언급하고 있는데, 이는 그 자체로 훌륭한 연구이지만, 레비나스의 히틀러주의 비판 자체보다는 레비나스와 마르크스의 관계에 초점을 맞춘 글이다. 김도형, 「레비나스와 정치적인 것(2): 레비나스의 마르크스」, 『인문사회과학연구』, 24:4, 2023년 11월, 121~148쪽.

근대 정치를 뜻한다. 즉 레비나스는 히틀러주의라는 전체주의의 한 형태를 사실상 세속화된 신학 개념으로, 전통적인 그리스도교나 유대교의 유일신적 신학 관념과는 철저히 분리된 세속적 신학으로 이해한다. 그래서 그는 히틀러주의가 자유주의나 그리스도교 정신이 강조하는 자유, 해방의 정신을 유보한 채로, 혈연과 같은 특수한 인간의 요소를 신성시하는 정치 개념이라는 점을 오롯이 보여 준다. 이 점을 드러내기 위해 레비나스는 그 스스로도 마뜩잖게 생각한 "히틀러주의" 또는 특히 "히틀러주의 철학"이라는 명칭을 써 가면서 이 전체주의 사상의 본질을 보여 주려 한다.[3] 결국 우리는 이 글의

---

3   탁월한 레비나스 연구자이자 그와 개인적 교분을 나누기도 한 아드리안 페이프르작도 "히틀러주의 철학"에 관한 레비나스의 후회에 대해 다음과 같이 언급한 바 있다. "「히틀러주의 철학」(1934)이라는 그의 논고는 비교적 온건한 비판이었는데, 레비나스는 후에 이를 자신의 이력에서 삭제했다. 그 이유는 히틀러주의를 '철학'이라고 명명함으로써 그것에 부적절한 명예를 부여했다고 후회했기 때문이다." A. Peperzak, *To the Other: An Introduction to the Philosophy of Emmanuel Levinas*, West Lafayette, IN: Purdue University Press, 1993, p. 4. 하지만 레비나스가 1934년 텍스트의 영어판 후기를 몸소 작성한 것을 보면, "이력에서 삭제했다"는 표현은 좀 심한 것 같다. 레비나스가 히틀러주의를 일종의 철학처럼 다룬 것은 사실이지만, 이 용어 자체를 그가 만든 것은 아니라는 주장도 있다. 사이먼 크리츨리는 이렇게 전한다. "'히틀러주의'라는 용어는 레비나스 본인의 것이 아니다. 이는 『에스프리』의 편집자들이 부과한 용어다." S. Critchley, "Levinas and Hitlerism", *Graduate Faculty Philosophy Journal* 35:1~2, 2014, p. 223. 하지만 레비나스가 1990년대에 이르러서도 히틀러주의라는 용어를 순순히 쓰고 있는 것을 보면, 나중에는 "히틀러주의 철학"이라는 용어 자체에 크게 개의치 않은 것 같

독해를 통해 히틀러주의의 본질이 신체-존재와 혈연의 세속화된 고양에 있음을 보게 될 것이며, 이러한 신성시가 오늘날까지 혐오와 인종주의적 선동 정치의 기반이 될 수 있음을 이해하게 될 것이다.

여기서 우리의 관심은 철저히 우리의 주요 독해 대상인 1934년 텍스트와 그 전후에 출간된 레비나스의 글로 한정된다. 그 이유는 이러한 접근이 자신의 철학적 입장을 완전히 구상하지 않은 청년기 레비나스의 사유에 조금 더 가까이 다가서게 해주기 때문이다. 이 시기의 레비나스는 그의 철학을 진정 독창적으로 만들어 준 사유와 개념들—향유, 타자성, 형이상학적 초월, 선임된 자유, 얼굴의 무한, 번식성, 책임, 제삼자 등—을 아직 벼려 내지 않은 상태였다. 상상해 보자. 당시 그는 스스로 타자성의 철학자가 되기로 일찌감치 결심했을까? 그가 전쟁의 소용돌이 속에 직접적으로 끌려 들어갈 줄 알았을까? 홀로코스트 이후의 철학과 윤리에 대해 본격적으로 고심했는가? 이런 것은 모두 제2차 세계대전 중이나 그 이후 영근 생각이다. 그러므로 전후 레비나스 철학의 전개와 내용에 비추어 이 텍스트를 읽어 내는 것은 무리한 접근이다. 이런 점에서 이 글은 시기적 제한을 두는 한정적 접근을 따라, 1930년대 레비나스 철학의 면모를 살펴봄으로써 그의 초기 사유의 기본 문제의식과 맹아를 들추어내는 데 치중한다.

기도 하다.

앞서 말했듯이, 이는 아직 우리에게 미답지에 가까운 청년기 레비나스 사유의 시작과 이후 진화를 살펴보기에는 더 나은 선택이다. 오히려 1940년대 중반부터 등장하는 레비나스의 핵심 개념으로 그의 초기 텍스트를 이해하려 하면, 적어도 그의 초창기 사유에 대해서는 오해나 오독을 낳을 수도 있다. 그러므로 우리는 여기서 좁게는 1934년 텍스트, 조금 더 넓게는 그 전후로 발간된 1930년대 레비나스의 텍스트에만 초점을 맞추면서 그의 청년기 사유, 아직 20대이던 레비나스의 사유의 일각을 드러내기 위해 애쓸 뿐이다. 다만 이때의 문제의식이 그의 평생의 철학적 동기를 형성해주었다는 점만큼은 부정할 수 없을 것이다.

텍스트에 대한 해명

레비나스는 『히틀러주의 철학에 대한 몇 가지 반성』을 다음과 같은 말로 시작하는데, 이는 이 1934년 텍스트 전체를 조망하기 위한 시발점으로 삼기에 더없이 적절해 보인다.

"히틀러의 철학은 원시적이다. 그런데 이 철학에서 타오르는 원초적 힘들은 지극히 요소적인 힘의 압력 아래 비천한 미사여구를 터뜨린다. 이 힘은 독일 정신의 비밀스러운 향수를 일깨운다. 히틀러주의는 전염병이나 광기

이상의 것으로, 원초적 감정을 일깨우는 것이다.
그런데 바로 이 때문에 히틀러주의는 무서울 정도로 위험해지면서, 철학적으로도 흥미로운 것이 된다. 왜냐하면 그러한 원초적 감정에 철학이 내포되어 있기 때문이다. 이 원초적 감정이 현실 전체와 자신의 운명 앞에 선 정신의 최초 태도를 표현한다. 또한 이 감정은 영혼이 세계에서 겪게 될 모험의 의미를 미리 규정하거나 예시한다.
히틀러주의의 철학은 이렇게 히틀러주의자들의 철학을 넘어선다. 그것은 하나의 문명의 근본 원리들 자체를 문제시한다. 갈등은 자유주의와 히틀러주의 사이에서만 벌어지는 것이 아니다. 그리스도교 교회들이 체제 수립 시 누린 수혜나 정교협약(Concordats)에도 불구하고 그리스도교마저 위협받고 있다."〔9~10쪽〕.

레비나스가 말하듯, 히틀러주의 철학은 "원시적이다". 하지만 이는 히틀러주의가 단순히 옛것이라거나 구닥다리 사상에 불과하다는 뜻이 아니다. 이는 오히려 히틀러주의가 단순하면서도 인간의 원초적 감정을 환기하며, 가장 기초적이거나 원초적으로 보이는 것들에 대한 향수를 일깨우는 힘을 가지고 있다는 의미이다. 레비나스의 지적에 의하면, 히틀러주의의 위험성의 발로는 당시 히틀러의 이념을 긍정적으로 바라본 독일 정신에 내재한 향수에서 비롯한다. 그렇다면 구체적으로 무엇을 향한 향수인가? 위 인용문에서 언급된 "독일 정신의 비밀스러운 향수"라는 표현에서 이해의 실마리를 찾을 수 있다. 이 지점에서 우리는 이 1934년 논고가 출간되기 한 해 전에 나온 「프랑스와 독일 문화에서의 정신성 개념」이라는 글을 살펴보아야 한다. 레비나스가 이 글에서 당대 독일의 정신성 개념을 제시함과 동시에 그것에 대한 우려를 일찌감치 표명했기에, 우리는 이를 통해 1934년 시론에서 말하는 독일 정신의 향수를 더 쉽게 이해할 수 있을 것이다. 이를테면 다음과 같은 말에 주목해야 한다.

"니체, 지멜, 딜타이, 셸러, 그리고 최근의 하이데거와 그의 '실존철학'은 독일의 정신적 이상의 다양한 형태이다. 최근의 흐름은 독일 대학생들에게 특히 강한 영향을 미치고 있다. 하이데거는 정신적 현실을 논할 때 '의식' 대신 '실존'이라는 말을 사용하는데(그의 철학이 실존철학이라 불리는 이유), 이는 정신의 구체성과 그 극적 특성을 더 잘 강조하기 위해서다. 오늘날 독일에서 강력한 극단주의 정당들이 이 정신성 개념에 매혹되어 있다는 점을 알아차리기는 어렵지 않다. 그들은 이성을 신뢰하지 않는다. […] 그들은 자신들의 전체 존재가 '아니요'라고 말할 때 '예'라고 말하는 이성에 귀 기울이지 않는다. 독일인들은 고통이 고통을 억누르려는 이성보다 더 실재적이며, 진리가 영원한 관념들에 대한 공정한 관찰에서 나오는 것이 아니라 생존을 위해 싸우는 존재의 두려운 외침이라고 믿는다."[4]

오해를 피하고자 한마디 덧붙이자면, 이것은 독일 정신 일반에 대한 엄밀한 진술이 아니라 "다소 기이한" 방식으로,[5] 당대 독일 정신의 현실을 묘사한 글이라는 점에 주목해야 한다. 한 예로 당대 독일 사상의 실존에 대한 강조가 비이성적이라는 평가는 실존 개념에 왜곡된 잣대를 들이민 것일 수 있다. 하지만 우리는 여기서 레비나스가 당대 독일 정신의 흐름을 어떻게 보고 있는지에 초점을 맞추어야 한다. 그가 보기에 1800년대 후반에서 1900년대 초 독일 정신은 이성보다는 실존을 강조하는 경향을 보이며, 독일의 극단주의 정당들은 이

4   E. Levinas, "La compréhension de la spiritualité dans les cultures française et allemande", *Cités*, 25, 2006. 1, p. 132. 이 글은 원래 1933년 리투아니아인 통합을 목적으로 발간된 한 문화·정치 평론 잡지(Vairas〔방향타〕)에 실렸다가 차후 프랑스어로 번역·편집되어 간행되었다. 1933년 판본의 서지사항은 다음과 같다. E. Levinas, "Dvasiskumo supratimas prancuzu ir vokieciu kulturoje", *Vairas*, nr. 7~8, Kaunas, VIII, juillet-août 1933, pp. 271~280.

5   "다소 기이한"(little crazy)이란 표현은 크리츨리에게서 빌려 온 것이다. 그는 프랑스의 정신성과 독일의 정신성을 기술한 레비나스의 시도를 "정치철학적 지리학"이란 말로 요약한다. "관념론과 자유주의는 프랑스와 동일시되고, 사실성과 자기 자신과 신체에 못 박힌 존재는 독일과 동일시된다. 〔…〕 여기에는 매우 인상적이면서도 약간은 기이한 정치철학적 지리학이 작동하고 있다." Critchley, "Levinas and Hitlerism", p. 226.

런 흐름에 편승하여 생존 투쟁을 선동하는 데 이바지하는 잘못을 범하고 있다. 그렇다면 이런 독일 정신에서는 궁극적으로 이성이 아닌 무엇이 강조되는가? 그것은 다름 아닌 생물학적 의미의 신체성이다. 같은 글에서 레비나스는 토마스 만의 『마의 산』을 예로 들면서 또한 이렇게 말한다.

"산 위에서 사람들은 병적인 만족감으로 생물학적 삶에 몰두한다. 산에서 질병은—이것이 이 책에서 토마스 만이 생각하는 질병의 역할이다—생물학적 삶을 부각하고, 평지의 건강한 사람들이 하듯이 그것을 잊는 것을 금한다. 이 생물학적 삶은 […] 인간을 죽음에 연결하고, 동시에 정신성의 근원에 연결한다. 죽음의 숨결 속에서 형이상학적 분위기가 형성된다. […] 이 문제들은 싹트고 자라며 죽음에 운명 지어진 구체적인 신체의 삶에 점점 더 연결된다. 따라서 이 생물학적 존재는 전통적인 유물론의 무생물 물질과는 아무 관련이 없다. 그것은 우리가 간단히 정의한 독일인들의 정신성 개념에 완전히 부합한다."[6]

이 진술을 따르자면, 레비나스가 당대 독일 정신에 완전

---

6   Levinas, "La compréhension de la spiritualité dans les cultures française et allemande", p. 133.

히 부합한다고 보는 것은 다름 아닌 생물학적 존재로서의 실존이며, 이 정신은 이성보다는 구체적 신체를 삶의 근원적 존재 원천으로 간주하는 방식으로 전개된다.

당대의 독일 정신을 이런 식으로만 이해하는 것은 분명 억지스럽다. 그렇지만 독일 정신이 이성의 현존과 자유정신의 구현이 아니라 생물학적 신체성으로 기울어져 있었다고 보는 레비나스의 관점은 1934년 텍스트의 기저에 흐르는 게르만 정신에 관한 그의 기본 이해를 보여 준다. 다시 말해 히틀러주의가 기반으로 삼는 당대 독일 정신의 핵심이 바로 생물학적 신체성이라는 것이다. 이 점을 더 첨예하게 보여 주기 위해 레비나스는 이처럼—그가 보기에—저속해진 "독일 정신의 비밀스러운 향수"와 대조를 이루는 것으로 자유주의와 그리스도교 정신의 특징을 제시한다. 그에 의하면, "여러 변형에도 불구하고 자유주의는 "이성의 주권적 자유라는 형태를 여전히 보존하고 있다. 근대의 모든 철학적·정치적 사유는 인간 정신을 실재보다 상위의 차원에 위치시키려 하며, 인간과 세계 사이에 심연을 파고 있다"[13쪽]. 즉 자유주의는 인간 정신을 우위에 둠으로써, 실제 세계의 현실로부터 우리가 스스로 거리를 두면서 자유를 구체화할 가능성을 제시했다. 나의 신체와 신체 능력이 유한하고, 또 어떤 속박 상태에 있다고 하더라도, 정신의 관조를 통해 자기 자신을 반성하고 현실을 재구성할 수 있게 해주는 것이 바로 자유주의의 이점인 것이다.

그런데 따지고 보면, 자유주의 안에는 "자유에 대한 유대-그리스도교적 **중심동기**가 관통하고 있다"[14쪽]. 그리스도교 정신이 그리스도교적 은총을 통해 현실의 속박으로부터의 영혼 해방과 자유를 제시하는 반면, 자유주의는 이성의 자율성에서 자유의 근거를 갖는다는 차이가 있을 뿐이다. 자유주의보다 더 오래전부터 "그리스도교는 자유를 선포하고, 또 자유를 모든 충만함 속에서 가능하게 만든다. 운명의 선택이 자유로울 뿐 아니라, 이루어진 선택조차 속박이 되지 않는다. 인간은 자신이 자유롭게 맺은 계약을 파기할—확실히 초자연적이지만 파악 가능하고 구체적인—가능성을 보유한다"[12쪽]. 그리스도교는 신의 은총을 따라 신체적 속박과 집착으로부터 자유로워지기를 권면하며, 인간은 이런 식으로 해방된 영혼을 기반으로 삼아 자유로운 존재가 된다. 이 점에서 정신의 자유에 관한 이념이 이미 유대-그리스도교에 깃들어 있다는 것이 레비나스의 평가이며, 이러한 종교와 자유주의가 근대 유럽 문명의 근간으로 작동해 왔다는 것이 당대 현실에 대한 그의 회고적 진단이다.

그런데 히틀러주의는 유럽 문화의 중심 사상을 이루고 있는 이런 자유주의와 그리스도교의 가르침에 반발함으로써 자신을 정당화하고, 또한 그것들보다 더 저속한 방식으로 새로운 삶의 의미를 제시한다. 물론 레비나스는 히틀러주의가 나오기 전에도 위에서 설명한 자유주의나 그리스도교 정신에 도전한 이념이 있었다고 본다. 그에 의하면, "마르크스주의는 그리스도교에 대해서만이 아니라, '존재가 의식을 규정하지 않고' 의식 또는 이성이 존재를 규정한다고 보는 모든 관념론적 자유주의에 대립한다"[16쪽].

하지만 레비나스는 마르크스주의를 히틀러주의에 가까운 사상으로 보기보다는 자유주의나 그리스도교에 더 가까운 사상으로 본다. 사이먼 크리츨리가 잘 지적한 것처럼 "레비나스가 이어서 말하는 바는, 마르크스주의가 자유주의에 대한 비판인 한에서 그것은 또한 자유주의의 완성이라는 것이다".[7] 즉 마르크스주의가 자유주의를 비판하긴 하지만 그것 역시 존재의 조건을 바꿈으로써 결국 인간 의식의 자유와 해방을 꾀한다는 점에서 자유주의나 그리스도교와 궤를 같이한다. 마르크스주의에 대한 이런 식의 이해가 옳은 것인가 하는 문제는 일단 제쳐 두고, '존재가 의식을 규정한다'고 할 때 그렇게 재규정된 의식 역시 운명론으로부터의 탈피를 주장한다는 점에서 인간 해방을 꿈꾼다. 그래서 레비나스는 말한다. "그런데 이러한 자유주의와의 단절은 결정적이지 않다. […] 무엇보다도, 마르크스주의의 근본 직관이 특정한 상황과의 불가피한 관계 속에서 정신을 파악하는 것이라 해도, 이러한 연관은 근본적인 것이 아니다. 존재에 의해 결정되는 개인의 의식은 이제 그 본질과는 이질적인 것으로 나타나는 사회적 구속력을—적어도 원리상—떨쳐 버릴 힘을 보존할 수 없을

---

7   Critchley, "Levinas and Hitlerism", p. 228.

만큼 완전히 무력하지는 않다. 마르크스 그 자신에게도 사회적 상황을 의식한다는 것은 그러한 상황이 내포하는 숙명론으로부터 벗어나는 일인 것이다"〔16쪽〕.

이처럼 (레비나스가 보기에) 히틀러주의는 당대 서구 사회의 주류 사상으로 인식되는 자유주의와 그리스도교, 그리고 마르크스주의와도 동떨어진 사상이다. 그렇다면 히틀러주의는 대체 어디서부터 변혁을 꾀하는 사상인가? 그것은 해방이나 자유의 이념과 무관한가? 히틀러주의는 일단 인간이 특정한 속박 아래 있다는 사실에 주목한다. 즉 인간 자신이 어딘가에 "못 박혀 있는 상황"〔16쪽〕에 처해 있다는 사실이야말로 히틀러주의 철학이 기본적으로 설정하는 인간의 실존적 상황이다. 이런 속박의 핵심 계기는 정신이나 의식적 존재 또는 영혼이 아니라 신체다. "유럽의 인간 개념과 진정으로 대립하는 개념은 인간이 못 박혀 있는 상황이 단순히 인간에게 더해지는 것이 아니라, 그것이 그 존재의 근본 자체를 이룰 때 가능해질 것이다. 이는 역설적 요구인데, 우리의 신체 경험이 이를 현실화하는 것처럼 보인다"〔16~17쪽〕.

여기서 신체적 고통의 현상학이 등장한다. 우리를 속박하고 있는 것은 신체의 근원적 경험이다. 이런 식의 생각은 일견 그저 영혼의 해방을 말하는 서구 사상의 특성을 계승하고 있는 것처럼 보인다. 하지만 레비나스의 강조점은 신체를 폄훼하는 것 같은 플라톤과 그 계승자들의 생각을 단순히 되풀이하는 것이 아니라 오히려 자아에 근원적으로 밀착되어 있는 것, 자아와 사실상 동일시되는 것이 신체라는 데 있다. (적어도 『파이돈』에서의) 플라톤적 사유에서 보자면 신체는 영혼의 감옥이 된다. 그러므로 신체는 최소한 참된 자아와 견주어 보자면 낯선 것이고, 오히려 진정한 자아의 자아 됨으로부터 멀어지게 하는 차원이다. 인간은 신체에서 벗어나 영혼의 어떤 참된 상태에 이를 때 비로소 자유로워질 수 있다는 것이 플라톤이나 유럽 문명을 나름 지배했던 사유의 경향이다.

하지만 레비나스는 히틀러주의에 이르면, 앞서 그가 독일 정신의 특징이라고 밝혔던 것처럼, 이런 식의 사유를 따르는 이들은 오히려 구체적 신체의 실존을 자아 그 자체와 동일시함으로써 신체에서 자기의 근원성을 발견하려 한다. 이때 고통은 다른 무엇보다 자아에 밀착된 신체의 내밀함을 잘 보여 준다. 말하자면, "위험한 스포츠적 도전, 곧 죽음의 숨결 아래에서 몸짓들이 거의 완벽에 가까운 추상에 이르는 위험한 훈련 속에서, 자아와 신체를 이분화하는 이원론은 사라져야만 한다. 그리고 신체적 고통의 막다른 골목에서, 환자가 그나마 평온한 자세를 잡기 위해 그 고통의 침대에서 몸을 뒤척일 때 그는 자신의 존재로부터 분할할 수 없는 단순성을 느끼지 않는가?"[18쪽].

멀리 갈 것도 없이 강력한 독감 바이러스에 감염되기만 해도 우리는 신체적 고통에 매몰된 나 자신을 발견할 수 있다. 비교적 최근 사건인 팬데믹 상황에서 코로나바이러스에 감염되었던 경험을 떠올려 보자. 그 누구도 이 감염 상태에서 비롯한 신체적 고통을 대신할 수 없으며, 내가 감염병으로 인한 신체적 불쾌함과 고통의 정서에 매여 있음을 스스로 체감한다. 이때 나는 고통받는 신체로 있으며, 이 고통의 사실이 나의 자아 실존의 사실을 이룬다. 레비나스가 지적하고 있는 것이 바로 이런 식의 신체적 고통에 관한 현상학적 체험이며, 이는 "**그 누구도 피할 수 없는** 밀착이며, 어떠한 은유도 이를 외부 대상의 현존과 혼동하게 할 수 없다"[19쪽].

    그렇다면 이렇게 신체에 밀착된 자아라는 것을 히틀러주의는 어떻게 활용하는가? 그것은 우리의 자아됨이란 "우리의 신체에 고유한, 근원적으로 회피할 수 없는 속박을 의식하는 것이며, 무엇보다도 이 속박을 받아들이는 것"[20쪽]이라는 논점에 집중한다. 무엇보다도 이 논점은 히틀러주의의 주요 대결 상대인 자유주의의 기만을 폭로하는 데 활용된다. 자유주의, 또 더 넓게 보면 유럽의 그리스도교는 정신의 광범위한 장악력을 칭송했다. 순전한 이성의 투명성이나 은총을 입은 참된 영혼의 해방에 대한 강조는 우리가 속박되어 있다는 사실, 어딘가에 못 박혀 있다는 사실을 극복하는 사유의 실마리 역할을 했다. 하지만 히틀러주의가 보기에 그런 사유는 이 속박의 사실 자체를 해소하지 못한다. 히틀러주의 철학에 의하면, 우리가 현실의 신체성에 주목하면 할수록 자유주의나 그리스도교의 자유정신과 해방에 대한 강조가 그저 관념의 유희였을 뿐이라는 사실만 더 적나라하게 드러난다. 이런 점에서 "자유의지들의 합의에 기초한 근대사회의 형태들은 단지 취약하고 비일관적일 뿐 아니라, 거짓되고 기만적인 것으로 보일 것이다. 정신들의 동화는 정신이 신체에 대해 거둔 승리의 위대함을 소거해 버린다. 그것은 날조자들의 소행이 된다"[20쪽].

히틀러주의가 자유주의(또는 그리스도교와 마르크스주의)와 같은 당대의 이념과 질서를 비판하는 기본 맥락이 이제 해명되었다. 히틀러주의에 의하면, 자유주의와 그에 가까운 사상들은 신체가 자아인 사실에 무감하게 만드는 정신에 대한 기만적 찬사에 불과하다. 이러한 비판 위에서 히틀러주의는 나름의 고유한, 그리고 지극히 단순한 해결책과 변화의 전망을 내놓기에 이른다. "혈연에 기초한 사회는 이러한 정신의 구체화로부터 직접적으로 도출되는 것이다. 그리고 이때, 만약 인종이 존재하지 않는다면, 그것을 발명해 내기라도 해야 한다!"[20쪽]. 여기서 말하는 "정신의 구체화"는 신체적 실존을 자아와 동일시하는 것을 말한다. 이런 신체를 기반으로 삼는 사회 통합의 기반이 되는 것은 다름 아닌 혈연이다. 즉 히틀러주의는 피의 연대 또는 연합을 해결책으로 내놓은 것이며, 그 구체적 발현이 인종주의였던 것이다!

레비나스에 의하면, 히틀러주의는 정신이 없다거나 무익하다고 주장하는 것이 아니라 정신이 (특정한 방식을 따라) 구체적으로 이 세계 속에서 살과 피로 체화되어 구현되기를 원한다. 이를 위해 우리는 자아와 사실상 동일화될 수 있는 신체로 우리의 초점을 옮겨야 한다. 이때 히틀러주의가 발견

한 신체-존재의 구체적 존재 근거는 다름 아닌 혈연인 것이다. 다시 말해 히틀러주의의 관점에서,

"인간은 더 이상 자신의 자유로운 이성의 주권적 결정을 따라 자신의 진리를 선택할 수 있는 관념의 세계 앞에 서 있는 것이 아니다. 인간은 이미 특정한 관념들에 매여 있다. 마치 태어나면서부터 자신과 같은 피를 가진 이들과 연결된 것처럼 말이다. 인간은 더 이상 관념을 향유할 수 없다. 왜냐하면 그 관념이 구체적 존재로부터 분리되 인간의 살과 피에 뿌리내린 이상, 관념은 그 진중함을 간직하고 있기 때문이다"(21~22쪽).

요컨대 히틀러주의는 "살과 피"를 근간으로 삼는 이념이자—나중에 더 자세히 말하겠지만—일종의 세속화된 신학으로서의 인간학이다. 히틀러주의를 창안하거나 이를 추종하는 세력은 인간에 대한 이념을 재구성함으로써 사람들을 특수한 공동체로 불러 모은다. 이제 인간의 이상화는 어떤 이상적 이념이나 영혼의 반성과 해방이 아니라 구체적 사실로서의 신체에서 찾아져야 한다. 이 신체를 매개로 삼아 함께 엮일 수 있는 존재들이 혈연으로 맺어져 있다거나 같은 피를 나누었다고 간주하는(착각하는) 공동체를 구성한다. 그리고 이 공동체는 이 세계에서 힘으로 자기들의 이념을 구현하려 하며, 결국에는 힘의 팽창을 일종의 자기-정체성으로 내세우기에 이

른다. 레비나스는 바로 이 점에서 히틀러주의가 보편성을 팽창의 이념을 따라 사유하기에 이른다고 본다. 그의 지적을 따르자면, 히틀러주의로 말미암아 "보편성의 이념 자체의 근본적 수정이 있을 것이다. **보편성은 팽창의 이념에 자리를 내주어야 하는데**, 이는 힘의 팽창이 이념의 전파와는 전적으로 다른 구조를 지니기 때문이다"[22~23쪽].

보통 한 이념은 그 이념이 이론적으로 나름의 정합성을 갖추는 가운데 미래에 대한 타당한 전망을 함축하여 다른 사람들이나 집단에 설득의 형태로 전파되면서 보편성을 획득해 간다. 이때 보편성을 갖춘 이념, 혹은 보편성을 지향하는 사유의 이념은 때에 따라 논박되기도 하고, 타인이나 다른 집단과 토론을 거치면서 변형되거나 거부된다. 이것이 이론적 이념의 특징이며, 이 점에서 기본적으로 "이념의 전파는 '주인들'의 공동체를 만든다. 이는 평등화의 과정이다. 개종시키거나 설득한다는 것은 동료를 만드는 것이다. 서구 사회에서 질서의 보편성은 항상 이러한 진리의 보편성을 반영한다"[23쪽]. 반면에 히틀러주의는 그런 이론적 논의와 설득을 따라 확장되는 것이 아니라 힘에 의한 팽창으로 특징지어진다. 여기서 보편성은 이론적으로 수용할 수 있는 논증이 아니라 혈연과 혈연을 기반으로 삼는 특정 인종이나 민족의 우위성을 기반으로 삼아 전파된다. 이를테면 한 집단이 자기 민족의 우월성을 주장하고, 피를 나눈 형제라는 이념을 따르거나 다른 이들도 특정 민족의 우월한 힘에 투항하여 동일화를 이루는 식이다. 피 또는 혈연은 그것의 소유로 확인되는 것이지 토론으로 설득되거나 공유될 필요가 없으므로 여기서는 신체적-생물학적 힘이 결속의 원천 역할을 한다. 결국 힘의 이념으로서의 히틀러주의는 다음과 같이 전파된다.

"하지만 힘은 다른 유형의 전파 방식으로 특징지어진다. 힘을 행사하는 자는 그 힘과 분리되지 않는다. 힘은 그것을 겪는 자들 사이에서 소멸되지 않는다. 힘은 힘을 행사하는 개인이나 사회에 결부되어 있으며, 나머지를 이 힘을 행사하는 것에 종속시킴으로써 그 힘들을 확장한다. 여기서 보편적 질서는 이데올로기 팽창의 따름정리로서 확립되지 않는다. 바로 그 팽창 자체가 주인과 노예로 이루어진 세계의 통일성을 구성한다. 현대 독일이 재발견하고 찬양하는 니체의 힘에의 의지는 단순히 새로운 이상이 아니라, 동시에 자신만의 고유한 보편화 형식을 제시하는 이상이다. 그 보편화 형식이 바로 전쟁, 정복이다"[23쪽].

히틀러주의는 혈연과 인종을 기반 삼아 강고한 힘을 발휘한다. 그것은 설득이라기보다 특정 혈연과 인종 우월성에 대한 강요이다. 이렇게 힘에 근거한 보편성의 질서를 수립하는 과정에서 어떤 설득이나 토론의 과정이 없다면, 보편화를 위한 힘의 팽창을 위해 사용되는 기술은 "전쟁, 정복이다".

정리해 보자. 히틀러주의는 정신이나 영혼의 해방과 자유를 제시하는 자유주의와 그리스도교가 정신적인 것의 우위성을 별다른 근거 없이 강조하면서 우리 존재의 근본적 사실을 무시하고 있다고 비판한다. 히틀러주의와 그 추종자들은 우리가 신체에 속박되어 있으며, 이 신체의 근원성을 구체적으로 삶과 세계 속에 드러내야만 우리를 둘러싼 문제, 즉 속박된 존재의 사실에 직접적으로 다가설 수 있다고 본다. 이때 히틀러주의는 우리의 신체적 존재의 구체성이 피 또는 혈연의 사실성에서 드러난다고 주장한다. 다시 말해 인간성의 본질이 신체, 더 정확히는 신체의 구체화로서의 피 또는 혈연에 있다고 보는 것이다. 혈연에 인간 존재를 귀속시키는 것은 정신의 존재와는 무관하므로, 이 이념을 전파하는 것은 필연적으로 힘의 발현으로만 이루어질 수 있다. 그 발현의 구체적 모습이 바로 전쟁과 정복인 것이다.

레비나스는 히틀러주의라는 정치 현상에 대한 현상학적 성찰을 마무리하며 또 하나의 중요한 논점을 강조한다. 그는 히틀러주의가 단순히 자유주의나 그리스도교의 제도 및 장치에 대한 불만이나 비판이 아니라고 본다. 물론 히틀러주의가 자유주의나 그리스도교에 반대하는 것은 분명하지만, 그 핵심 작동 원리는 당대 유럽을 대표하는 이념이나 신앙의 지엽적인 몇몇 기제에 대한 반박에 있지 않다는 것이다. 오히려 히틀러주의는 인간성 자체의 근본적인 전환을 요구하는 힘의 이념이라는 것이 레비나스의 근본 주장이다. 이에 그는

1934년에 발표한 이 정치적 시론을 다음과 같은 말로 끝맺는다. "그런데 우리는 여기서 잘 알려진 몇 가지 진실과 마주한다. 우리는 이 진리들을 근본 원리에 연결하고자 시도했다. 아마도 우리는 인종주의가 단순히 그리스도교적이고 자유주의적인 문화의 이런저런 특정 요점에 반대하는 것이 아님을 보여 주는 데 성공했을 것이다. 문제가 되는 것은 민주주의, 의회주의, 독재 체제 또는 종교 정책의 이런저런 도그마가 아니라 인간의 인간성 그 자체이다"〔23~24쪽〕.

히틀러주의의 정치신학에 관한 레비나스의 (암시적) 비판

이제부터 지금까지 해설한 『히틀러주의 철학에 대한 몇 가지 반성』이 어떻게 해서 레비나스의 정치신학에 대한 암시적 형태의 비판으로 읽힐 수 있는지를 논해 보고자 한다.[8]

---

[8] 여기서 나는 레비나스의 정치신학 비판이 암시적 형태로나마 실질적으로 이루어졌다는 점을 특히 강조하고 싶다. 이제 보겠지만, 그는 히틀러주의를 사실상 (유대교적) 신학을 대체한 개념으로 간주한다. 그러나 그가 소위 정치신학 개념을 발전시킨 칼 슈미트를 언급한 바는 없다. 이런 점에서 그의 비판은 명시적이지 않으며, 분명 암시적 차원에서만 이루어진다고 할 것이다. 하지만 레비나스의 윤리적 정치에 관한 사유가 슈미트적 정치신학을 평가할 이론적 틀을 제공한다 해도 과언은 아니다. 개빈 레이가 이와 관련해 훌륭한 통찰을 제공한다. "레비나스는 슈미트

여기서 말하는 정치신학이란 칼 슈미트가 제시한 "세속
화된 신학"으로서의 근대 정치와 "국가론"을 뜻한다.[9] 근대
의 정치 이념이 그 자체로 이론적이고 정합적인 합리적 내용
으로 이루어진 것이 아니라 실은 신학 개념을 세속적으로 변

> 를 직접적으로 언급한 적이 없지만, 서양 사상의 역사적 궤적에 대한 레
> 비나스의 분석을 통해 우리는 슈미트의 사유에 대한 레비나스적 평가
> 를 구축할 수 있다. 레비나스가 보기에 슈미트가 나치당에 가입한 것은
> 그리 놀라운 일이 아니며, 오히려 슈미트의 사유로부터 논리적으로 귀
> 결되는 사건으로 이해될 수 있다. 비록 슈미트가 개념적 통찰을 제시했
> 다고 하더라도, 레비나스의 이해에 따르면 그의 사유는 전통의 역사 속
> 에 확고하게 자리 잡은 것이었다. […] 나아가 슈미트는 정치적인 것
> 에 대한 존재론적 분석을 제공하면서 이를 폭력과 명시적으로 연결 짓
> 는다. 이는 친구-적의 구분이라는 관점에서 사유되는데, 여기서 전자는
> 공동체의 동일한 가치와 합치하는 이들을 가리키는 반면, 적은 이를 위
> 협하는 존재로 규정된다. […] 이러한 틀은 필연적으로 슈미트로 하여
> 금 타자를 폄하하고, 실제로 타자와의 원초적으로 폭력적인 관계를 제
> 안하도록 이끈다. 레비나스의 관점에서 볼 때 슈미트 사유의 유일한 긍
> 정적 측면이 있다면 그것은 적어도 그가 이러한 점들을 명시적으로 드
> 러내고자 했다는 점일 것이다." G. Rae, *The Problem of Political Foundations in Carl Schmitt and Emmanuel Levinas*, London, UK: Palgrave Macmillan, 2016, p. 157.

9 "근대 국가론의 중요 개념은 모두 세속화된 신학 개념이다. 예를 들어
전능의 신이 만능의 입법자가 되었다는 식으로 여러 개념이 신학에서
국가론으로 옮겨 갔다는 역사적 발전을 봤을 때만이 아니라, 이들 개념
의 사회학적 고찰을 위해서 반드시 인식해야만 하는 체계적 구조를 봤
을 때도 그렇다." C. Schmitt, *Politische Theologie: Vier Kapitel zur Lehre von der Souveränität*, 1922, Berlin: Duncker & Humblot GmbH, 2009, p. 43. 국역본은 칼 슈미트, 김항 옮김, 『정치신학: 주권론에 관한 네 개의 장』, 서울: 그린비, 2010, 54쪽.

용한 것이라는 생각이 바로 정치신학에 관한 그의 기본 관념이다. 그리고 이런 정치 개념은 예외 상태에서 주권자의 개입을 정당화한다는 특징을 함축한다. 즉 원래 신이 신의 나라와 연관된 현실의 문제에 절대적으로 개입하는 주권성을 기반으로 삼아 형성된 신학은 신의 주권적 개입을 제안하는 데 거침이 없다. 이것은 근대 정치에서는 세속 권력의 절대적 개입을 정당화하는 기저로 작동할 수 있다.

이런 정치신학적 이념이 레비나스가 비판하는 히틀러주의 곳곳에 서려 있다. 앞서 보았듯이, 히틀러주의는 자유주의만이 아니라 그리스도교를 대신하는 것으로 이해된다. 근대 정치가 세속화된 신학 개념을 기반으로 삼는다는 것은 그 자체로 그것이 그리스도교 신학을 대신함을 의미한다. 이런 점에서 히틀러주의는 레비나스에게 정치신학의 지위를 취할 수 있는 이념적 대체제로 기술되고 있었음을 감지할 수 있다.

이에 더하여 레비나스가 히틀러주의를 어떤 정신 또는 영성의 표현으로 보았다는 점이 중요하다. 이미 보았듯이 레비나스는 히틀러주의가 "독일 정신의 비밀스러운 향수"를 불러오며, 이런 정신 또는 영성의 확산으로 인해 "그리스도교 그 자체가 위험을 받게 된다"라고까지 말했다. 실제로도 1930년대 들어 독일 정신의 한 축인 자유주의적 이념이나 그리스도교는 히틀러 치하에서 통제의 대상이 되고, 새로이 독일의 정신을 지배하는 것은 피와 대지에 집착하는 히틀러주의였다. 이러한 상황에서 히틀러주의는 일종의 "이교주의"

정신인 세속화된 신학으로서의 정치관을 은연중에 확산시키는 이념이었다.

그렇다면 구체적으로 왜 이 독일 정신은 이교주의인가? 일단 그것은 영혼이나 정신 자체의 고귀함이나 근원성을 신체 자체의 근원성으로 대체한다. 이때 신체는 이후 현상학적 전통에서 세심하게 고찰된 육화한 정신으로서의 신체나 살의 근원성과는 아무런 상관이 없다. 오히려 그것은 1933년 텍스트, 곧 「프랑스와 독일 문화에서의 정신성 개념」에서 이미 그가 규정했듯, "생존을 위해 싸우는 존재의 두려운 외침"이 일어나는 장소인 신체이다. 히틀러주의는 바로 그러한 두려운 외침을 신체적 혈연의 근원성에 호소하는 정치적 선언과 힘의 팽창으로 바꿔 냈을 뿐이다. 다시 말해 그리스도교나 자유주의에서 주장했던 영혼이나 정신이 담당한 해방과 구원의 욕망을 히틀러주의는 생존 욕구와 지배 욕구의 현실화 장치로서의 신체를 통해 구현하고자 한 것이다. 이것이 바로 전통 신학이 담당한 영혼의 고귀함에 대한 강조를 지배와 생존의 장치로서의 신체에 대한 고양으로 세속화한 하나의 이교적 사상(히틀러주의)의 성취이다. 실제로 레비나스는 1935년에 내놓은 「마이모니데스의 현실성」이라는 글에서 이교주의에 대해 언급한 바 있다.

"이교주의는 결코 정신의 부정도, 유일신에 대한 무지도 아니다. […] 이교주의는 세계로부터 빠져나오는 능력의 근본적 결여이다. 그것은 정신들과 신들을 부정하는 것이 아니라, 그것들을 세계 안에 위치시키는 것으로 이루어진다. 〔…〕 자기충족적이고 자기폐쇄적인 이 세계 안에, 이교도는 갇혀 있다. 이교도는 세계를 견고하고 잘 자리 잡은 것으로 여긴다. 이교도는 그것을 영원한 것으로 여긴다. 이교도는 자신의 행동과 운명을 이 세계에 맞춘다. 세계에 대한 이스라엘의 감정은 전적으로 다르다. 그것은 의심으로 가득 차 있다. 세계 안에서 이교도가 가지는 확고한 기반을 유대인은 가지지 않는다"〔38쪽〕.

레비나스에게 히틀러주의는 다른 그 어떤 사상보다 더 분명하게 이교주의에 해당한다. 왜냐하면 그것은 레비나스 자신이 정의한 이교주의에 정확히 부합하기 때문이다. 히틀러주의는 유대인과 대조되는 여느 이교도처럼 "자기충족적이고 자기폐쇄적인 세계 안에 갇혀 있다". 이미 본 것처럼, 히틀러주의는 영혼이 아니라 신체의 힘을 믿는다. 그리고 신체 이외의 다른 계기나 외적 도움을 요구하지도 않는다. 그리스도교의 영혼이 내세에 대한 욕구를 통해 현세에서의 욕망을 억누르는 경향이 있는 반면, 이교도 사상의 구체적 한 형태인 히틀러주의에서는 단지 이 세계만이 영원한 것일 뿐이므로 다른 곳이나 다른 것으로의 초월을 필요로 하지 않는다. 그러므로 위 인용에 나오는 이교주의를 향한 레비나스의 일갈을 히틀러주의에 그대로 적용해도 무리는 아닐 것이다. "이교도는 세계를 견고하고 잘 자리 잡은 것으로 여긴다. 이교도는 그것을 영원한 것으로 여긴다."

조엘 앙셀은 이런 이교주의에 대한 레비나스의 비판이 분명 나치의 이념을 향한다고 보면서 그 비판의 요지를 다음과 같이 기술한다. "'힘의 확장'에 있어서의 진리라는 나치의 이상과는 달리, 레비나스는 이교주의를 '무력함'과 '무능력'으로 이해한다. 이교도에게는 자신이 있는 세계에서 빠져나올 능력이 근본적으로 없다. 물론 그는 그 세계에서 '사물들과 농등한 위치'에 있지만, 동시에 그곳에 '갇혀' 있기도 하다. '견고하고 안정된' 세계에의 정착 외에도, 레비나스는 이교주의를 활기차게 하는 지역 정신의 또 다른 특징을 이렇게 밝혀낸다. 모든 초월을 폐지하면서, 이교도는 세계 안에 '정신들과 신들'을 위치시킨다."[10]

이런 이교주의로서의 히틀러주의는 단지 신체적 힘의 고양을 세계-내-생존으로 제한하는 것이 아니라 지배로까지 확장한다. 앞서 한 차례 인용한 구절, 특히 히틀러주의가 신체성의 구체적 구현이자 확장인 혈연에 입각한 연대와 그 "힘의 팽창"으로 귀결된다는 것을 강조한 레비나스의 말로 돌아가 보자. "여기서 보편적 질서는 이데올로기 팽창의 따

---

10   J. Hansel, "Paganisme et 'philosophie de l'hitlérisme'", *Cités*, 25, 2006, 1, p. 36.

름정리로서 확립되지 않는다. 바로 그 팽창 자체가 주인과 노예로 이루어진 세계의 통일성을 구성한다. 현대 독일이 재발견하고 찬양하는 니체의 힘에의 의지는 단순히 새로운 이상이 아니라, 동시에 자신만의 고유한 보편화 형식을 제시하는 이상이다. 그 보편화 형식이 바로 전쟁, 정복이다"[23쪽].

레비나스에 의하면, 자유주의와 그리스도교(또한 이를 비판하며 나타난 마르크스주의를 포함하여)와 같은 이전의 주도적 사상이나 신앙은 모두가 주인이 되는 것을 지향한다. 한 예로, 그리스도교에서는 모두가 예외 없이 평등하게 은총을 입고 영혼의 구원에 이를 수 있다고 제안한다. 은총을 경험한 이들은 예외 없이 죄의 속박에서 자유로워진다. 자유주의 역시 인간의 보편적 정신의 힘을 의심하지 않으며, 정신의 고양과 합리성에 대한 신뢰가 인간성을 성숙하게 만들어 우리를 해방으로 이끈다고 본다. 하지만 신체적 힘의 현실화인 피의 연대, 곧 혈연에 입각하는 인종주의로서의 히틀러주의라는 이교주의는 타자를 굴복하게 하는 힘을 행사하면서 스스로를 팽창한다. 이 점을 강조하기 위해 나치 정권에 굴복한 일종의 어용 철학자들이 니체에 의존한 것은 잘 알려진 사실이다. 아마도 레비나스 역시 이를 염두에 두고, 니체를 굳이 언급한 것처럼 보인다. 물론 그 당시의 니체에 관한 정치적 독해는 당연히 오용이지만, 이렇게 오용된 형태로 힘에의 의지를 강조하는 것 자체가 히틀러주의의 특징을 잘 보여 준다는 점에서 우리는 이 대목에 주목해야 한다. 그리고 이것은 히틀러주의에 내포된 정치신학적 특징을 더 심원하게 만든다.

마이클 파겐블라트가 잘 지적한 것처럼, 한 예로 당시 독일의 "알프레트 보임러는 특히 『니체, 철학자이자 정치가』(1931)에서 '힘에의 의지'를 자연주의적으로 해석하여 생물학적 인종주의를 옹호했고, 마찬가지로 나치의 그리스도교 이전 그리스로의 회귀를 지지했다".[11] 국가사회주의의 철학적 근거를 제공하는 데 이바지한 보임러는 실제로 자기 책에서 니체를 생존과 투쟁의 철학자로 소개한다. 사실 엄밀하게 보면, 그가 옹호한 인종주의는 단순히 생물학적인 것이기보다는 신적 삶을 추구하는 유기체의 생존투쟁과 자기-초월을 성공적으로 수행하고자 하는 민족(그에게는 게르만 민족)과 국가를 옹호하는 것에 가깝다. 몇 대목만 살펴보자.

"생물학적 상대주의는 특정 생명체나 생명체 종의 '환경'을 이야기한다. 이는 개별 존재와 그의 세계를 현존하는 거대한 세계와의 관계 속에서 상대화한다. 이러한 상대주의는 니체에게서도 발견되지만, 전체 세계가 행위들의 총체에 불과하다고 보는 더 깊고 근본적인 상대주의를 따라 극복된다. 따라서 유기체는 더 이상 거대하고 영혼 없는 우주 앞에 무력하고 작은 존재로 서 있는

---

11 M. Fagenblat, "Paganism as a Political Problem: Levinas's Understanding of Judaism in the 1930s", *Religions*, 15:5, 2024, p. 529.

것이 아니라, 그의 삶은 세계에서 일어나는 일반적인 것의 특수한 경우를 나타낸다. 이를 통해 유기체적 생명이 독특한 존엄성을 부여받을 가능성이 열린다."

"우리는 니체의 관점에서 로마인들이 게르만 인종들보다 그리스도교에 더 가깝다는 것을 알고 있으며, 이것이 그에게 무엇을 의미하는지도 알고 있다. 이에 따라 우리는 '민족들과 조국들'에 대한 이 주요 부분의 결론이 말하고자 하는 바를 평가해야 한다."

"영웅적 현상으로서의 국가, 지배 구조로서의 국가, 모든 위대한 것의 지속적 흐름으로서의 국가, 단순히 물리적이거나 경제적인 것이 아닌 최고의 권력을 위한 투쟁의 수단이자 분출로서의 국가―이것이 국가에 대한 게르만적 관념이다. 바로 니체 안에 살아 있는 것이 이것이며, 이는 심지어 그가 국가에 반대하여 말할 때도, 그리고 그가 바로 독일을 공격할 때도 그렇다."[12]

보임러는 니체의 힘에의 의지의 구현을 생존 투쟁의 극대화와 같은 것으로 이해한다. 이때 그 힘은 단지 개인이 아

---

12 A. Bäumler, *Nietzsche, der Philosoph und Politiker*, Leipzig: Alfred Kröner, 1931, 인용문 차례대로 p. 37, 149, 181.

니라 유기체적 존재들의 집합인 국가 권력의 발현에서 비로소 달성되며, 이러한 정신에 입각한 게르만인들의 국가가 영웅적 생존 투쟁의 결사체로 구상되기에 이른다. 이러한 보임러의 해석에 의하면, 니체는 이 게르만적 관념을 포기한 적이 없고 오히려 이를 잘 실행할 게르만 국가를 갈구하는 방향으로 자신의 철학을 전개했다. 이런 식의 니체 오용이 바로 앞서 레비나스가 지적한 (니체를 전유한) 이교도적 독일 정신의 사례일 것이다. "현대 독일이 재발견하고 찬양하는 니체의 힘에의 의지는 단순히 새로운 이상이 아니라, 동시에 자신만의 보편화 형식을 가져오는 이상이다. 그 보편화 형식은 전쟁, 정복이다." 반복해 말하자면, 레비나스가 문제시한 힘에의 의지는 순전한 니체가 아니라 당시 일부 독일 철학자가 오도한 힘에의 의지이며, 이는 생존과 투쟁을 위한 전쟁과 정복을 정당화하는 철학으로 진화했다. 즉 히틀러 치하의 독일은 니체를 (잘못) 전유하면서 이 세계 저편이 아니라 이 세계에 못 박힌 존재들의 집단을 이루고자 했으며, 이 존재들이 세계에 더 깊이 뿌리내리도록 권력을 팽창하는 것을 정당화했다. 파겐블라트의 지적처럼, 당시 "형이상학적 이원론은 붕괴했으며, 서구는 이제 초월에 대한 신념에 의해 역사적으로 유지되어 온 자유와 진리의 가치들을 옹호할 철학적 자원을 결여하게 되었다. 1930년대의 위기는 이러한 전통의 소진을 보여주는 징후적 현상이다". 이 틈을 비집고 들어간 히틀러주의는 "역사적·토착적 실존의 원초적 감각에 그들이 부여한 궁극적 가치를 통해 표현된다. 이것이 바로 레비나스가 〔…〕 히틀러주의를 '이교주의'로 규정하는 이유이다".[13]

이런 점에서 『히틀러주의 철학에 대한 몇 가지 반성』은 히틀러주의의 고유한 정치신학에 대한 암시적 비판이라는 성격을 내포한다. 정치신학이란 명칭이 정식으로 등장하지 않는다는 점에서 그것은 암시적 형태의 정치신학 비판이다. 하지만 레비나스가 히틀러주의를 이교주의로서의 정치 이데올로기, 달리 말하면 세속화된 이교적-신학적 정치로 본다는 점에서 그의 1934년 텍스트는 정치신학 비판의 성격을 갖는다. 이는 지금까지 살핀 것처럼 1930년대 레비나스의 시론들을 종합적으로 살폈을 때 충분히 이해될 수 있는 해석이다.

요컨대 히틀러주의는 그리스도교 신학의 대체물 형태로 나왔음과 동시에 여전히 해방 또는 구원의 메시지를 세속화된 형태로 담고 있다. 그리스도교나 자유주의가 정신 또는 영혼의 해방을 강조하지만, 이에 반해 히틀러주의는 이를 범속한 형태의 신체적 구원으로 바꿨다는 점이 특징이다. 이런 세속화된 구원과 해방은 히틀러주의에서 신체성의 대표적 발현인 피, 더 직접적으로 말하자면 게르만 혈통의 팽창을 통해 제시된다. 자유주의나 그리스도교가 설득이나 전파를 통해 보편적 영향력을 미치려 했다면, 히틀러주의는 전쟁과 정복을 통해 우월한 피, 곧 민족적 공동성을 확장한다. 이렇게

---

13   Fagenblat, "Paganism as a Political Problem", p. 529.

해서 다른 민족이나 국가는 예속 상태에 놓이게 되고, 게르만 국가와 민족이 주인의 형태로 신체적 힘을 구현하는 것이 히틀러주의의 목표가 된다. 이렇게 히틀러주의는 전쟁과 정복을 통한 보편성의 팽창을 꾀한다는 점에서, "피와 땅"(Blut und Boden)의 지배를 위한 예외 상태로서의 전쟁과 정복의 결정을 정당화한다는 점에서도 정치신학의 이념을 오롯이 달성한다. 슈미트의 말처럼 "예외 상태(Ausnahmezustand)를 결정하는 자"로서의 "주권자"를 정당화하는 것이 곧 정치신학의 또 다른 중요한 특징이니 말이다.[14]

이처럼 히틀러주의는 세속화된 신학 개념으로서의 정치신학적 이념으로 당시 유럽 문화 속에 뿌리내리고 있었다. 청년 레비나스는 1930년대 초중반부터 그 정치신학적 성격과 야만성을 일찌감치 감지하고 있었던 것이다.

---

14 Schmitt, *Politische Theologie*, p. 43; 『정치신학』, 16쪽. 스테판 모제스는 전쟁을 "탁월한 예외 상태"로 규정하며 이것이 도덕을 유보한다고 말한다. 히틀러주의를 비롯하여 전쟁이라는 예외 상태를 정당화하는 모든 체제가 도덕을 유보시킨다고 해도 과언은 아닐 것이다. "구체적으로 말해, 우리는 이런 명백한 사실을 인정하지 않을 수 있는가? … 전쟁은 개인 간의 관계, 나아가 국가와 국가 사이의 관계를 지배하는 필연적 법칙이라는 점을 말이다. 만약 이것이 사실이라면, 도덕은 궁극적인 순진함이 아닌가? 실제로 '탁월한 예외 상태'로서의 전쟁은 각자의 생명의 이익을 즉각적으로 방어하기 위해 도덕을 잠정적으로 유보하는 것이다." S. Mosès, "From Rosenzweig to Levinas Philosophy of War", in *Political Theologies: Public Religions in a Post-Secular World*, eds. Hent de Vries and Lawrence W. Sullivan, New York: Fordham University Press, 2006, pp. 228~229.

결론을 대신하여: 전체주의에 맞서는 한 철학자의 삶

우리는 바야흐로 전쟁의 시기에 들어서 있다. 일군의 사람들이 지적하듯이, 이미 제3차 세계대전에 들어섰는지도 모르겠다. 이런 상황에서 히틀러 집권 시기의 국가사회주의 세력이 저질렀던 전쟁과 폭력, 혐오와 선동은 사라진 것이 아니라 오늘날 다른 형태로 반복되고 있다. 시대 간극을 고려할 때 레비나스의 1934년 시론에서의 전체주의에 관한 통찰을 그대로 적용할 수는 없겠으나 우리는 오늘날의 전쟁 및 전쟁을 유발하는 혐오와 선동의 기저에 그가 히틀러주의에 대해 지적했던 비판적 요소가 다소간 흐르고 있음을 알아차릴 수 있다.

대부분의 혐오와 선동은 원시적 또는 원초적이다. 이제는 소위 강대국이 되어 팔레스타인을 공격하는 이스라엘도 마찬가지이다. 그들의 행위도 민족과 혈통을 기반으로 삼거나 신체적 강인함과 생존을 위한 투쟁을 강조하는 식으로 이루어진다. 또한 특정 혈통이나 인종의 힘을 강조하기 위해 전쟁과 정복도 불사한다. 때로는 종교와의 직접적 동맹을, 또 때로는 세속화된 신학 개념을 기반으로 삼는 전체주의적 선동은 현세에서의 힘의 확장과 경제적 번영, 물질적 풍요, 하나의 국가나 민족의 고양을 약속한다. 내세의 평안만 보장하지 않을 뿐 그것은 철저히 세속화된 신학적 해방을 정치의 이름으로 약속한다.

이런 점에서 우리는 번영과 안정, 힘과 자부심의 극대화를 요구하고 이를 약속하는 정치 세력이나 집단이 설파하는 이념의 본질을 끊임없이 살피고, 이에 대한 비판적 시선을 거두지 말아야 한다. 이것이 바로 레비나스의 통찰이 주는 하나의 실천적 가르침일 것이다.

또 하나, 히틀러주의로 대변되는 전체주의에 맞선 철학자의 태도에서도 배울 것이 있다. 레비나스는 사유와 연륜이 원숙해진 시기에 이르러서도 간혹 『히틀러주의 철학에 대한 몇 가지 반성』을 회고하는 말을 남겼는데, 1934년 시론의 영어판인 1990년 판본에 붙인 말과 프랑수아 푸아리에와의 대화에서 한 말을 견주어 보면 우리는 그가 평생 견지한 철학적 태도에 다가설 수 있다.

"이것은 국가사회주의의 피비린내 나는 야만성의 근원이 인간적 추론의 우연한 이상 증세나 우발적인 이데올로기적 오해에서 유래한 것이 아니라는 확신에서 나왔다. 이 글에는 국가사회주의의 근원이 **원초적 악**의 본질적 가능성에 있다고 보는 확신이 담겨 있다. 건전한 논리도 그 가능성에 도달할 수 있으며, 서양철학은 그것에 대해 충분히 방비하지도 못했다"[25쪽].

"존재에 대한 불신, 그것은 다른 형태로, 그날 이후에도 계속되었습니다. 히틀러주의가 도처에서 곧 닥쳐올 것을 예감하던 그 시대 전체를 통틀어, 제가 할 수 있었던 모든 일들 속에서 말입니다. 제 삶은 끊임없이 예감되던 히틀러주의와 모든 망각을 거부하는 히틀러주의 사이에서 흘러간 것일까요?"[15]

이 회고를 볼 때, 1934년의 청년 레비나스는 국가사회주의의 야만성에 서려 있는 존재의 악을 보고자 했음이 분명하다. 아울러 원숙한 철학을 구사하며 큰 명성을 얻은 노년의 레비나스도 전체주의의 폭력에 대한 경계를 늦추지 않았다. 이것이 레비나스의 삶 전체를 이끈 철학적 태도였다.

혹자는 그의 이런 태도에 진정성이 있는지 의문을 제기할지 모르겠다. 일각에서는 레비나스가 이스라엘 방위군의 주문 아래 레바논의 그리스도교 우파 정당 카타이브의 민병대가 자행한 1982년 샤브라-샤틸라 학살 사건에 대해 이스라엘의 편에 섰다거나, 팔레스타인에게는 얼굴이 없다는 식으로 말하며 팔레스타인을 폄훼했으므로 그가 위선적이라고 비

---

15 E. Levinas et F. Poirié, "Entretiens: Emmanuel Levinas-François Poirié", in François Poirié, in *Emmanuel Levinas: Qui êtes-vous?*, Besançon, Lyon: La Manufacture, 1987, pp. 82~83. 아울러 다음과 같은 말도 레비나스의 정신과 철학적 문제의식을 지배한 것이 무엇이었는지를 알수 있게 해주는 고백이다. "1961년 문학박사 학위를 취득했다. 1967년부터 푸아티에대학교에서 교수직을 맡았고, 이후 파리-낭테르대학교를 거쳐 1973년부터는 파리-소르본대학교에 재직했다. 이러한 단편적 이력이 하나의 전기를 이룬다. 이 전기는 나치의 공포에 대한 예감과 기억에 지배당한 것이다." E. Levinas, "Sinature", in *Difficile Liberté*, Paris: Albin Michel, 1963; 1995, p. 374.

판한다. 하지만 그는 그 당시 사건에 대한 대담에서 이스라엘에 비판적으로 응대했으며, 팔레스타인에 얼굴이 없다는 식으로 말하지도 않았다. 이런 잘못된 정보가 회자되는 것은 일면 주디스 버틀러가 스스로 인정한 부주의한 인용 탓이다. 이 때문에 버틀러는 직접 해명 기사를 쓰기도 했다. 그는 실제로 다음과 같은 말을 남겼다. "〔…〕 나는 먼저 위에서 사용된 "얼굴"과 "얼굴 없는"이 레비나스 인용이 아니라, 이러한 윤리적으로 충전된 표현의 비유적 차원을 강조하기 위해 따옴표 안에 넣은 용어임을 명확히 하고 싶다."[16] 레비나스의 철학이 민족이나 국가 간 갈등 상황을 충분히 다루지 못한다거나 분리되지 않는 윤리와 정치를 너무 첨예하게 가른다는 비판은 타당한 면이 있다. 또한 당시 이스라엘의 정치적 태도나 악행을 그가 더 가혹하게 비판하지 못했다고 할 수도 있다. 하지만 이스라엘의 전체주의적 폭력에 둔감했다거나 자기 민족을 감싸기 위해 팔레스타인을 폄훼했다는 식으로 그를 평가하는 것은 또 다른 왜곡이다. 한 예로, 레비나스는 자신들의 피해자성이나 순결함에 호소하는 당시 이스라엘 일각의 태도에 우려를 표하며 이렇게 일갈하기도 했다. "모든 상황에서 하느님이 우리와 함께한다고 말하기 위해 '홀로코스트'를 내세우는 것은 가해자들의 허리띠에 새겨진 '우리와 함

---

16   J. Butler, "Levinas trahi? La réponse de Judith Butler", *Le Monde*, 21, mars 2013.

께 하시는 하느님'(Gott mit uns)이라는 경구만큼이나 혐오스럽습니다."[17] 이것이 레비나스의 이스라엘에 대한 애착이나 시오니즘에 대한 향수를 모두 변호해 주는 것은 아니다. 다만 그가 팔레스타인을 폄훼했다거나 이스라엘에 대한 무조건적 옹호자였다는 식의 왜곡은 그의 사상의 진면목을 보지 못하게 만든다.

분명한 것은 레비나스가 그 자신의 고백처럼, 전체주의에 맞선 한 사람의 철학자였다는 사실이다. 그러므로 인종주의, 전쟁의 논리, 폭력의 근저에 있는 혐오와 선동의 작동 원리를 파헤치고, 이를 끊임없이 의식하고 비판하는 것!『히틀러주의 철학에 대한 몇 가지 반성』을 되새기면서 우리가 얻을 수 있는 또 하나의 가르침은 이것이다. 위기 시대의 철학자, 전쟁의 어둠을 통과하고 있는 지식인은 위기의 원천이 어디인지 늘 경계해야 한다. 레비나스가 그랬던 것처럼, 끊임없이 예감되던 지나간 전체주의와 모든 망각을 거부하는 전체주의 사이에 난 길을 담대하게 건너는 것이야말로 이 시대를 사는 철학자들이 저버리지 말아야 할 사명일 것이다.

---

17 Emmanuel Lévinas et Alain Finkielkraut, "Israël: éthique et politique", entretien avec Shlomo Malka, *Les Nouveaux Cahiers*, n° 71, hiver 1982~1983, p. 3. 이 대담 기사는 1982년 9월 28일에 송출된 라디오 대담(Radio-Communauté)을 옮겨 실은 것이다.

✝

　이 작업을 마무리하는 와중에 공교롭게도 비상계엄을 경험했다. 그리고 연이어 벌어진 국회 앞 대통령 탄핵 집회의 야광봉 물결, 남태령의 행진을 경험했고, 심판받아야 할 내란의 수괴와 그를 싸고도는 무리의 움직임, 헌법재판소의 탄핵 선고까지 목도했다. 처음 이 책을 내고자 했을 때, 과연 1934년의 젊은 레비나스, 아직 자신의 사유를 탐스럽게 영글어 내지 못한 이 유대인 철학자의 글을 출간하는 것이 어떤 의미가 있을지 솔직히 나 스스로 확신을 가지지 못했다. 분명 우리는 세계 각지에서 벌어지는 전쟁의 소식을 듣고 극우 정치의 확산을 보지만, 그것을 눈앞에서 생생하게 체험하고 있지 않은 상태에서 이 책이 얼마나 생동감 있게 독자들에게 수용될지 가늠할 수 없었던 것이다.
　하지만 계엄 상황과 일종의 전체주의로 회귀하려는 일련의 위기를 체험하면서, 이 책이 지금 그리고 여기의 현실에 더없이 적절한 것임을 확신하게 되었다. 비단 비상계엄이라는 특수한 상황만이 이 책을 소환하겠는가? 우리 안에서 끊임없이 퍼져 가는 인종주의와 특정 외국인 혐오, 소수자 혐오, 세속화된 종교 정치는 레비나스가 1930년대에 경험했던 히틀러 세력의 전체주의와 큰 틀에서 맥을 같이하는 것이다. 이처럼 어려운 시대의 혼란을 더 깊이 성찰하고자 하는 이들에게 이 책을 권한다.

한 권의 책이 나오기까지 여러 사람의 수고가 있었다. 이 책의 출간을 선뜻 허락해 준 그린비 출판사에 감사드린다. 판권 확보와 편집 등으로 수고한 여러 선생님의 노고 덕분에 인문학 출판시장의 어려운 여건 속에서도 이 책이 빛을 볼 수 있게 되었다. 특히 첫 소통부터 마무리까지 애써 준 이진희 선생님께 고마운 마음 전한다. 한결같이 내 곁에서 사랑과 관심의 말과 행위로 힘을 주는 아내 김행민 님에게도 변함없는 감사와 사랑의 말을 건네고 싶다. 내 모든 작업에는 아내의 배려와 도움이 새겨져 있으며, 그녀의 손길이 없다면 이런 작업을 행할 길이 없다. 고양이 선생 폴리, 주디, 한나는 내가 전체화되지 않도록 나를 일깨우고 각성시키는 이들이다. 나를 잠들지 않게 하는 이들의 노고에도 고마움을 표한다.

부디 이 책이 독자들에게 닿을 때면 세상이 조금 더 희망찬 날들로 채워지기를 빈다. 하지만 설령 그렇지 않더라도 우리는 살아야 한다. 지워지지 않는 전체주의의 그림자에 레비나스가 늘 촉각을 곤두세웠던 것처럼, 우리 역시 지나간 전체주의와 망각되기를 거부하는 전체주의 사이에서 깨어 있어야 하고, 그 속에서 어떤 희망을 만들어 가야 한다. 암울한 시대 속에서도 죽지 않고 살아가야 할 만큼 우리의 삶은 충분히 소중하니까 말이다.

2025년 11월 어느 날 서울에서
옮긴이 김동규